Thomas Schlayer

Die Macht der Kleinigkeiten

D1670848

Thomas Schlayer

Die Macht der Kleinigkeiten

Rhetorik ganz einfach:
Besser denken. Besser reden.

Fortbildungsinsel
Seminare und Trainings

Edition Fortbildungsinsel
Herausgeber: Thomas Schlayer

Weitere Informationen erhalten Sie unter
www.fortbildungsinsel.de

Bibliografische Information: Deutsche Nationalbibliothek
Die Deutsche Nationalbibliothek verzeichnet diese Publikation
in der Deutschen Nationalbibliografie; detaillierte bibliografische Daten sind im Internet über http://dnb.d-nb.de abrufbar.

Juni 2012
Umschlaggestaltung: Atelier Georg Lehmacher
Titelfoto: Marco Klaus
Lektorat: Cordula Natusch, Andrea Weißenbach, Anika Rieck,
Karin Altinger
Layout/Satz: Atelier Georg Lehmacher
Herstellung und Verlag:
BoD - Books on Demand
Printed in Germany · ISBN 978-3-8482-0125-9

Über den Autor

Thomas Schlayer arbeitete jahrelang für den Bayerischen Rundfunk in München und ist Geschäftsführer der Fortbildungsinsel in Inning am Ammersee. Er trainiert deutschlandweit Führungskräfte, Angestellte und Nachwuchstalente aus unterschiedlichen Branchen. In seinen Seminaren rund um die Kommunikation hat er sich seit über 15 Jahren auf die Feinheiten der Rhetorik spezialisiert. Thomas Schlayer ist Experte für innere und äußere Kommunikation.

Mit innovativen Konzepten, einzigartigen Trainingsservices und als Kleinigkeitencoach geht er bewusst einen unkonventionelleren Weg als andere Anbieter. Seine Seminarphilosophie: Spaß haben, spielerisch lernen und Wissen, das sofort im Alltag umsetzbar ist, trainieren …

Inhaltsverzeichnis

Vorwort

Ich gebe rund 100 Kommunikationsseminare pro Jahr. In meinen Vorträgen lerne ich hunderte Menschen kennen. Egal, welchen Persönlichkeiten ich helfen darf – sie haben alle eines gemeinsam. Sie sind begeistert von meiner Kleinigkeiten-Philosophie: Erreichen Sie schnell mehr, indem Sie sich in erster Linie mit den Details beschäftigen, die den Unterschied machen! Es ist außerdem sehr motivierend, leicht merkbar und einfach zu trainieren.

Streben Sie nach Sicherheit und Erfolg in der Kommunikation? Dann ist dieses Buch genau das Richtige für Sie. Es beschäftigt sich mit Rhetorik, also der Kunst des Redens. Wer weiß, welche Möglichkeiten dieses Gebiet bietet, und Spaß daran hat, sie zu nutzen, wird beeindruckende Vorträge halten, überzeugend präsentieren und sicher argumentieren.

Nur sehr wenige Menschen nutzen die Möglichkeit, ihre Kommunikationsfähigkeit auszubauen. Das ist schade, aber leider Realität. Ich bin davon überzeugt, dass jeder sicherer und souveräner reden kann. Ich glaube daran, dass es jedem möglich ist, eine beeindruckende Präsentation zu halten oder ein wichtiges Gespräch mit dem Chef ohne Angst zu meistern. Auch Sie können das!

Solche Erfolge setzen allerdings zwei Dinge voraus: Sie müssen die entscheidenden Kleinigkeiten kennen. Und Sie müssen den Mut aufbringen, Dinge zu tun, die sich die meisten anderen Menschen nicht zutrauen. Mit dem Erwerb dieses Ratgebers haben Sie den ersten Schritt getan. Sie wollen mehr erreichen und das können Sie auch.

Freuen Sie sich auf ein Buch, das Ihnen die Grundlagen der Rhetorik einfach und anhand eines praxiserprobten Systems erklärt. Erfahren Sie jetzt alles über die wichtigsten Regeln einer professionellen Kommunikation! Weiterführende Tipps und Tricks werden Sie schnell nach vorn bringen. So lohnt sich die Lektüre für Sie gleich doppelt. Aber bitte lesen Sie nicht nur, sondern handeln Sie auch. Alle Empfehlungen sind alltagstauglich konzipiert. Sie können also alle Impulse, die Sie hier finden, sofort umsetzen und trainieren.

Mit „Gesprächserfolge durch Kleinigkeiten" habe ich bereits einen Ratgeber rund um die Feinheiten der Kommunikation veröffentlicht. Mein Buch „Denk dir einfach, du bist eine Tafel Schokolade" hilft vielen Bewerbern, die sich besser verkaufen und mit ihrer Bewerbung einen nachhaltigen Eindruck hinterlassen wollen. Und mein Ratgeber „Das Trainingsleerbuch - Täglich mehr Erfolg durch Kleinigkeiten" ermöglicht vielen Menschen mit effektiven und einfachen Tipps, sich Tag für Tag weiterzuentwickeln.

Seit über 15 Jahren habe ich mich auf die Feinheiten der Rhetorik spezialisiert. Als Experte für innere und äußere

Kommunikation zeige ich Menschen auf, wie Denken und das tägliche Sprechen sich enorm beeinflussen. Auf vielfachen Wunsch der Teilnehmer ist nun dieser Ratgeber entstanden. Es ist ein Grundlagenbuch und damit für Fortgeschrittene und Anfänger gleichermaßen wertvoll. Sie haben schon ein Rhetorikseminar besucht? Prima. Dann finden Sie hier nochmals die wichtigsten Regeln in der Zusammenfassung. Sie haben sich mit den Möglichkeiten der Kommunikation noch gar nicht beschäftigt? Umso besser. Dann wird Sie dieses Buch von Anfang an begleiten und Ihnen alles Wichtige erklären. Neben den Grundlagen der Rhetorik finden Sie auch weiterführende Tipps und Tricks, damit sich das Lesen doppelt lohnt.

Die Inselimpuls®-Garantie meiner Fortbildungsinsel® sorgt außerdem dafür, dass es wirklich entscheidende Kleinigkeiten sind, die Sie voranbringen werden: Freuen Sie sich auf leicht merkbare Tipps und Tricks, haben Sie mehr Spaß am Lernen und lesen Sie im Folgenden nur Empfehlungen, die sofort im Alltag umsetzbar sind.
Ich wünsche Ihnen nun viel Spaß und Erfolg!

Ihr

Thomas Schlayer

01
Das Sender- und Empfängermodell

Ich möchte diesen Ratgeber so eröffnen, wie ich es auch bei meinen Seminaren tue. Wir beginnen wirklich mit den Grundlagen und sehen uns erst einmal an, wie Kommunikation überhaupt funktioniert...

Sender und Empfänger

Ganz einfach gesagt gibt es im menschlichen Miteinander immer einen Sender und einen Empfänger. Auf den ersten Blick ist ein Sender jemand, der zu uns spricht. Wir hören zu und sind damit Empfänger. Das ist allerdings nicht die ganze Wahrheit.

Der Sender kommuniziert immer

Menschen müssen nicht unbedingt sprechen, um eine Nachricht zu übermitteln. Auch eine Person, die nichts sagt, ist ein Sender. Denn es gilt die Regel: Wir können nicht nicht kommunizieren – wir senden immer. Ob wir es wollen oder nicht. Stellen Sie sich z. B. vor, Ihr Partner fragt Sie, ob Sie ihn noch lieben. Wenn Sie daraufhin nichts sagen würden, wäre das auch eine deutliche Antwort. Würden Sie erst nach einigen Sekunden ein „Ja" herausbringen, wäre das nicht sehr überzeugend. Ihr Zögern würde Ihrem Partner die Botschaft „Ich weiß nicht so recht" oder „Ich habe dich schon mehr geliebt" übermitteln.

Darüber hinaus kommunizieren wir aber auch mit dem Körper. Dabei spielen unsere Gestik, unser Gesichtsausdruck, also die Mimik, der Stand und viele weitere Aspekte eine Rolle. Diesen Bereich werde ich Ihnen in Kapitel 7 noch ausführlicher vorstellen. An diesem Punkt möchte ich Sie nur auf diese Tatsache hinweisen: Auch wenn Sie nichts sagen, spricht Ihr Körper zum Teil eine sogar sehr deutliche Sprache. Ich möchte Ihnen das anhand einer Situation erläutern, die Sie so oder ähnlich sicher schon einmal selbst erlebt haben: Stellen Sie sich vor, Sie gehen an einer fremden Person vorbei, die auf einer Parkbank sitzt. Sie sehen ihr kurz in die Augen - es fallen keine Worte - und stellen fest: Dieser Mensch ist traurig. Diese Information hat er Ihnen nur über seinen Blick und seine Körperhaltung gesendet. Sie machen solche Erfahrungen Tag für Tag: Menschen strahlen Glück oder Trauer aus, sie senden Botschaften der Anspannung oder der Zuversicht, sie kommunizieren mit Ihnen auch ganz ohne Worte.

Worauf Sie als Empfänger achten müssen

Auch hier können wir festhalten: Wir empfangen immer, rund um die Uhr - natürlich vorausgesetzt, dass wir wach sind. Menschen empfangen gern und genau das ist oftmals das Problem. Der „Empfangsteil" in uns ist zwar ein wichtiger Bereich. Die Bereitschaft, eine Botschaft aufzunehmen, ist eine wichtige Voraussetzung für eine erfolgreiche Kommunikation. Eine zu hohe Empfangssensibilität kann jedoch auch kontraproduktiv sein. Sie führt dazu, dass wir krampfhaft zwischen den Zeilen lesen. Dadurch überinterpretieren wir jedes Wort und jede Nuance einer Aussage - das ist die Vorstufe des Missverständnisses. Stellen Sie z. B. einer besonders empfindlichen Person die Frage „Warum hast du diesen Pullover an?", dann kann es gut sein, dass Ihr Gegenüber sich angegriffen fühlt. Der Empfänger könnte Ihre Frage so verstehen, als hätten Sie gesagt „Das ist aber ein hässlicher Pullover". Dabei ging es Ihnen vielleicht nur darum, dass Ihnen dieses Kleidungsstück wegen des Wetters zu warm wäre.

Sicher haben Sie die Folgen einer zu hohen Empfangssensibilität schon am eigenen Leib erfahren. Wenn wir ein Signal unseres Gesprächspartners besonders stark wahrnehmen und parallel darüber nachdenken, was dahinterstecken könnte, schwächt uns das. Wir mutmaßen, grübeln über „Horrorszenarien" und können uns damit nicht mehr auf eine erfolgreiche Kommunikation konzentrieren.

Ein sensibler Empfänger ist ein unsicherer Sender

Das ist auch der Grund, warum viele Redner unnötige Angst vor ihren Vorträgen haben und mit starken Unsicherheiten kämpfen: Sie überbewerten jedes Signal aus dem Publikum. Hat da gerade jemand gelangweilt geguckt? Bedeutet das, ich bin zu langsam? Tuscheln und lachen da zwei Zuhörer? Habe ich mich etwa versprochen? Dabei können solche Verhaltensweisen doch auch ganz andere Gründe haben, die gar nichts mit dem Sprecher zu tun haben.

Gehen Sie in solchen Situationen den richtigen Weg: Machen Sie sich klar, dass sich nicht jedes Detail auf Sie beziehen muss. Nicht jeder Zuhörer, der während Ihrer Präsentation kichert, macht das Ihretwegen. Es kann ja auch um ein ganz anderes Thema gehen. Sie entscheiden, ob Sie das aus der Bahn wirft oder nicht.

Profis stellen ihren Empfänger, bildlich gesprochen, auf 10 bis maximal 20 Prozent Empfindlichkeit ein. Ein höherer Wert, wie z. B. 70 Prozent, wirkt sich kontraproduktiv auf die Kommunikation aus. Wer so sensibel auf alles reagiert, was er wahrnimmt, dem fehlt die Energie, selbst Nachrichten zu senden. Der Sendewert hingegen sollte bei einem Redner immer mindestens 75 Prozent betragen. So liegt der Fokus auf dem zielgerichteten Übermitteln der eigenen Botschaften.

Niemand ist nur Sender oder Empfänger

Seien Sie sich stets bewusst, dass Sie immer Sender und Empfänger zugleich sind. Wenn Sie das verstanden haben, können Sie das Modell besser zu Ihrem Vorteil nutzen. Die meisten Menschen glauben, Sie können das Senden und Empfangen trennen. Profis wissen aber, dass beides immer parallel stattfindet, und sehen das als Chance: Sie können jederzeit bewusst senden und zielgerichtet empfangen.

Nutzen Sie diese entscheidenden Kleinigkeiten:

▶ Kommunikation besteht aus Sendern und Empfängern
▶ Wir senden immer (bewusst und unbewusst)
▶ Wir empfangen immer (und so stark, wie wir wollen)
▶ Jeder Sender ist zeitgleich auch Empfänger
▶ Jeder Empfänger ist auch parallel ein Sender
▶ Profis senden bewusster und empfangen zielgerichteter

15

02

Die drei Kommunikations- ebenen

Habe ich genügend Argumente? Reichen meine Informationen aus, um 15 Minuten sprechen zu können? Welche Fakten soll ich gleich zu Beginn nennen? Solche Fragen stellen sich typischerweise Menschen, die an ihrer Vortragsweise arbeiten wollen. Dabei übersehen sie aber, dass ein guter Redner sich durch andere Dinge auszeichnet. Wer sich nur auf die genannten Punkte konzentriert, wird nie eine brillante Präsentation halten.

Der Grund dafür sind die Ebenen der Kommunikation, die ich Ihnen in diesem Kapitel vorstellen möchte. Die meisten Menschen denken bei der kommunikativen Botschaft an einen Pfeil, der vom Redner zum Zuhörer zeigt. Die Realität ist jedoch etwas komplexer. Wir kommunizieren immer auf drei Ebenen. Angemessen wäre es dementsprechend, sich drei Pfeile vorzustellen, die vom Sender zum Empfänger zeigen.

	Sachliche Ebene – Was?	10 % Wirkung	
Redner	Emotionale Ebene – Wie?	80 % Wirkung	Zuhörer
	Hierarchische Ebene – Wer?	10 % Wirkung	

Die sachliche Ebene – was sagt jemand?

Der erste Pfeil steht für die sachliche Ebene. Hier geht es um Fakten und Argumente. Es ist der Bereich der Informationen, der sich mit dem Fragewort „Was" zusammenfassen lässt: Was sagt der Redner? Sicherlich darf der sachliche Inhalt einer Aussage nicht außer Acht gelassen werden. Die meisten Menschen glauben allerdings, dass dies die wichtigste oder sogar die einzige Kommunikationsebene ist. Sie sind sich der anderen beiden Pfeile gar nicht bewusst.

Dabei stellen die Teilnehmer in meinen Kommunikationstrainings immer wieder fest, dass dies ein Irrtum ist. Natürlich sind die sachlichen Informationen, die eine Rede enthält, wichtig – wer nichts zu sagen hat, kann auch keine Punkte beim Publikum sammeln und verliert. Trotzdem trägt diese Ebene nur mit etwa 10 Prozent zum Redeerfolg bei. Sie ist also nur zu einem geringen Teil für Ihre Wirkung auf andere verantwortlich.

Die emotionale Ebene – wie spricht jemand?

Der zweite Pfeil bezieht sich auf die emotionale Ebene. Dazu gehören die Gefühle, die Erlebnisse, die Kreativität.

Auf diese Aspekte weist das Fragewort „Wie" hin: Wie spricht jemand? Die emotionale Ebene ist der für Kommunikationserfolge entscheidende Bereich. Die Art und Weise, wie jemand redet, ist das, was uns fasziniert. Sie macht etwa 80 Prozent, also mehr als drei Viertel Ihrer Redewirkung aus. Sie finden in diesem Ratgeber hierzu noch viele weiterführende Beispiele, Details und Empfehlungen! Sie haben das bestimmt auch schon oft erlebt. Die Art und Weise, „wie" jemand spricht ist das Entscheidende. Sie können noch so viel Wissen haben – ohne Leidenschaft, ohne das gewisse Etwas, ohne das Besondere verlieren Sie schnell an Wirkung.

Die hierarchische Ebene – wer spricht zu wem?

Der dritte Pfeil verweist auf die hierarchische Ebene, zu der das Fragewort „Wer" gehört: Wer spricht zu wem? Es geht dabei um die Nähe zwischen dem Redner und dem Publikum. Präsentiert sich der Vortragende auf dem gleichen Niveau wie seine Zuhörer, bekommen sie einen positiven Eindruck: Da spricht jemand zu uns, den wir mögen, der so ist wie wir. Sie treten ihm dann aufgeschlossen gegenüber und es entsteht maximale Nähe und Bindung. Stellt sich aber der Sprecher über seine Kommunikationspartner, z. B. indem er hochnäsig oder überheblich auftritt, führt dies zu Ablehnung oder der Vortrag erhält einen negativen Beigeschmack. Dann wird sich das Publikum vom Redner distanzieren.

Positives Beispiel: Oliver hält einen kompakten Vortrag mit fundierten und interessanten Inhalten (sachliche Ebene). Vor allem durch die Art und Weise, wie er spricht und die Zusammenhänge erklärt, unterhält er sein Publikum kurzweilig und kreativ (emotionale Ebene). Er signalisiert seinen Zuhörern, einer von ihnen zu sein und sammelt damit zusätzlich Punkte (hierarchische Ebene). Er wird am Ende als großartiger Redner beurteilt.

Negatives Beispiel: Max hat sich bei der Vorbereitung seiner Rede nur auf die Inhalte konzentriert. Er hat viel zu erzählen und reiht zahlreiche Fakten aneinander (sachliche Ebene). Er verzichtet auf kleine Späße oder auflockernde Elemente, über einen kreativen Vortrag hat er sich keine Gedanken gemacht (emotionale Ebene). Er betont immer wieder seine Kompetenz und signalisiert den Zuhörern seinen höheren Status als Experte (hierarchische Ebene). Das Publikum ist mit der Redeleistung unzufrieden. Es bleibt der folgende Gesamteindruck: ein langweiliger Vortrag mit einer Portion Überheblichkeit – auch wenn die Inhalte an sich wichtig und korrekt waren.

Eine Erfahrung aus der Praxis

Ich möchte dieses wichtige Grundlagenthema noch ein wenig vertiefen, indem ich Ihnen einen Einblick in meine Seminarerfahrungen gebe. Die Teilnehmer sind immer wieder erstaunt darüber, dass sie offensichtlich bislang viel Potenzial verschenkt haben: Sie haben sich bei der

Vorbereitung einer Rede allein mit dem Inhalt beschäftigt. Das zeigt sich in 99 Prozent der Fälle an einer Übung, die ich an den Beginn meiner Rhetoriktrainings stelle.

Die Aufgabe besteht darin, innerhalb von zehn Minuten eine Minipräsentation auszuarbeiten. Mit ihrem Vortrag sollen sich die Teilnehmer in maximal einer Minute vorstellen: Was machen sie beruflich? Welche Hobbys haben sie? Welche Vision treibt sie an? Wo sehen sie ihre Stärken und Schwächen in der Kommunikation? Das Erstaunliche ist: Fast alle nutzen die Vorbereitungszeit, um über Fakten nachzudenken. Es werden viele Notizen gemacht. Immer geht es nur um die Information.

Was zeichnet einen Profi aus?

Wir haben schon erwähnt, was einen beeindruckenden Vortrag ausmacht: Es sind die Emotionen. Eine Zuhörerschaft kommt eben nicht zu dem Ergebnis, dass der Redner großartig war, weil er seine Argumente so schön aneinandergereiht hat, sondern vielmehr, weil er sein Publikum emotional gepackt hat. Diesen Zusammenhang möchte ich jetzt noch etwas genauer beleuchten.

Überlegen Sie einmal: Was sagt ein überzeugtes Publikum über einen professionellen Redner? Wann kommen wir zu dem Ergebnis, dass jemand einen „tollen Vortrag" gehalten hat? Womit beeindrucken uns solche Menschen?

Dies sind einige typische Aussagen über Redeprofis:

- Es hat Spaß gemacht, ihm zuzuhören.
- Der Redner war sehr schlagfertig.
- Die Pointe am Schluss war großartig.
- Der Vortrag war sehr einfach und nachvollziehbar.
- Der Sprecher war sehr kreativ.

Wir könnten diese Liste noch mit vielen vergleichbaren Punkten erweitern. Wichtig ist, Folgendes festzuhalten: Es handelt sich ausschließlich um emotionale Aspekte. Entsprechend der Frage nach der emotionalen Kommunikationsebene nennen wir sie in unserer Seminararbeit Wie-Kriterien.

Ich möchte noch einmal betonen, was die genannten Beispielaussagen belegen: *Das* Wie *ist in der Kommunikation wesentlich wichtiger als das* Was. *Erst wenn das* Wie *stimmt, können wir das* Was *vermitteln.* Wer nur gute Inhalte zu bieten hat und die Macht der Emotionalität nicht berücksichtigt, wird nie zu einem ausgezeichneten Vortragskünstler.

Profis trennt also von der durchschnittlichen Masse der Redner nur eine entscheidende Kleinigkeit:

- Die Masse bereitet ausschließlich den Inhalt vor.
- Der Profi denkt zuerst über die emotionale Wirkung seines Vortrags nach und kümmert sich dann um die Inhalte.

Machen Sie es wie die Redeprofis

Damit Sie mit diesem Buch gleich konkrete Empfehlungen bekommen, möchte ich Ihnen hier emotionale Wie-Kriterien vorstellen. Sie werden Ihnen schnell helfen, neue Redeerfolge zu feiern:

▸ Arbeiten Sie mit einem ungewöhnlichen Einstieg.
▸ Bringen Sie immer wieder witzige Elemente ein.
▸ Gliedern Sie deutlich und nummerieren Sie Ihre Inhalte.
▸ Legen Sie sich einen kreativen roten Faden zurecht.

Planen Sie im Bereich der Emotionalität einfach Elemente ein, die Sie bei anderen Profis beeindrucken. Heben Sie sich von der Masse ab! Sobald Sie beginnen, emotionaler zu denken, und sich damit auch emotionaler vorbereiten, haben Sie bereits ein neues Kommunikationsniveau erreicht. Versprochen!

Die wichtigsten Wie-Elemente im Überblick:

▸ Haben Sie Spaß am Vortrag und vermitteln Sie das Ihrem Publikum.
▸ Sprechen Sie laut und deutlich.
▸ Halten Sie aktiv Blickkontakt.
▸ Achten Sie darauf, dass Sie überzeugend und sicher wirken.
▸ Zeigen Sie Souveränität, indem Sie frei stehen.
▸ Seien Sie schlagfertig.

- Achten Sie auf ein gutes Erscheinungsbild.
- Unterstützen Sie Ihre Ausführungen durch Ihre Gestik.
- Bereiten Sie ein Skript vor, an dem Sie sich orientieren, aber sprechen Sie trotzdem frei.
- Nutzen Sie Möglichkeiten zur Visualisierung Ihrer Inhalte.
- Gönnen Sie Ihren Zuhörern kleine Pausen.
- Zeigen Sie sich motiviert und motivieren Sie so Ihr Publikum.
- Fühlen Sie sich sicher und wirken Sie auch so.
- Seien Sie aufgeschlossen.
- Nutzen Sie Ihre Kreativität.

03

Innere und äußere Kommunikation

Ich frage die Teilnehmer meiner Seminare gern, wie sie den Begriff Kommunikation definieren. Die Antworten gehen dabei immer in die gleiche Richtung: mit anderen reden, sich austauschen, argumentieren, Vorträge halten, Dialoge führen etc. Das ist genau das, was die meisten Menschen unter Kommunikation verstehen: der aktive Austausch mit anderen.

Im Anschluss stelle ich dann weiterführende Fragen: Wer ist die Person, mit der Sie sich am meisten unterhalten? Wer prägt Sie somit auch am stärksten? Darauf erhalte ich in der Regel zwei Antworten: Es ist entweder ein Kollege oder der Partner.

Machen Sie doch spontan mit! Mit wem sprechen Sie am häufigsten? Wer ist Ihr intensivster Gesprächspartner?

Unser erster Ansprechpartner sind wir selbst

Zur Verblüffung der Teilnehmer kann ich den meisten Vorschlägen aber nicht zustimmen. Denn die Person, mit der jeder Mensch die intensivste Kommunikation pflegt, ist definitiv eine andere. Denken Sie einmal darüber nach! Ob in der Familie, im Büro oder im Urlaub – die Person, mit der Sie nachweislich am häufigsten reden, sind Sie selbst.

Wir müssen also den Begriff Kommunikation in zwei Bereiche einteilen:

▸ Äußere Kommunikation – das Gespräch mit anderen
▸ Innere Kommunikation – das Gespräch mit uns selbst

Es ist eine Tatsache: Wir grübeln, reden vor uns hin, stellen uns selbst Fragen und reflektieren Erlebnisse. Einfach jede unserer Handlungen ist vom ständigen inneren Dialog begleitet. Vom Aufstehen bis zum Einschlafen, im Auto, beim Abwasch oder Spazierengehen – die intensivsten Gespräche führen wir jeden Tag mit uns selbst. Damit prägen wir uns selbst auch stärker, als jede andere Person das je könnte. Kein Familienmitglied und kein Kollege dieser Welt hat so viel Einfluss auf uns wie wir selbst.

Seien Sie Ihr eigener Coach

Wer diese Tatsache einmal erkannt hat, kann sehr viel für sich verändern. Wünschen Sie sich mehr Sicherheit, Persönlichkeitsstärke, Zuversicht und Freude. Sie brauchen niemanden zu suchen, der Ihnen hilft, das zu erreichen. Sie können es selbst und Sie können es auch am besten. Sie selbst sind der effektivste Trainer, den Sie sich wünschen können.

Die meisten Menschen sind leider kein guter Coach für sich selbst. Es überwiegen skeptische Gedanken, Reflexionen über Misserfolge, Sorgen und Ängste. Wenn Ihnen bewusst ist, dass Sie nur durch Ihr eigenes Umdenken Ihrem Leben eine positive Wendung geben können, sind Sie deshalb schon auf der Gewinnerseite. Das Wissen um diese Macht der inneren Kommunikation wird Sie erfolgreicher machen. Denn so können Sie die Faktoren ausschalten, die Sie schwächen, und Ihre Gedanken künftig auf diejenigen Dinge richten, die für Sie arbeiten.

Wie das genau funktioniert, klären wir im folgenden Kapitel.

04

Das
konstruktive Denken

Einer der wichtigsten Tipps, die ich Ihnen für Ihren nachhaltigen Erfolg in der Kommunikation geben kann, ist dieser: Denken Sie konstruktiv! Das mag einerseits banal klingen. Andererseits ist es aber auch schwer zu fassen, was dieser Rat genau bedeutet. Aber glauben Sie mir: Wenn Sie sich wirklich damit auseinandersetzen, wie Sie konstruktiver denken, wird Ihnen das mehr Sicherheit und Souveränität verleihen.

Vom Denken zum Fühlen zum Sprechen

Um diese Empfehlung wirklich umsetzen zu können, müssen Sie sich den grundlegenden Zusammenhang von Denken, Fühlen und Sprechen vor Augen führen:

Ihre Gedanken bestimmen Ihre Gefühle. Und Ihre Gefühle bestimmen Ihren Wortschatz und Ihre Ausstrahlung.

Mit diesem elementaren Kommunikationsgesetz ist schon das Wichtigste erklärt.

Die Ergebnisse dieser Kette wirken sich bei jedem Menschen innerhalb weniger Sekunden aus. Starten Sie doch einmal einen Selbstversuch: Denken Sie an etwas Unangenehmes. Malen Sie es sich bildlich aus. Schon fühlen Sie sich schlecht. In der Folge werden Sie auch negative Worte (wie z. B. „müssen", „furchtbar" oder „hassen") benutzen und im Gespräch eher traurig als motivierend klingen. Außerdem signalisieren Sie mit Ihrem Gesichtsausdruck und Ihrer Gestik, was Sie empfinden. Wer negativ denkt, schafft eher Distanz zu seinem Gegenüber. Wer hingegen positiv denkt, wirkt angenehmer und erzeugt Sympathie.

Programmieren Sie Ihr Unterbewusstsein

Das konstruktive Denken hat auch einen langfristigen Effekt auf Sie selbst: Ihre Gedanken werden ganz automatisch in Ihrem Unterbewusstsein abgelegt. Dieses können Sie sich wie ein großes Lager mit vielen Räumen vorstellen. Jeder Raum steht für einen Reiz bzw. ein Thema und hat zwei Bereiche: eine positive und eine negative Ecke. Mit jedem Gedanken an eine bestimmte Erfahrung wird ein Kärtchen in dem jeweiligen Raum abgelegt – bei einem positiven Gedanken in die positive Ecke und bei einem negativen Gedanken in die negative. Die Inhalte Ihres unterbewussten Zentrallagers beeinflussen und prägen Ihr Wertesystem. Immer, wenn Sie dann zum wiederholten Mal eine bestimmte Situation erleben, wird sofort nachgesehen, welche Karten dafür bereits abgelegt sind, also welche Werte Sie dafür gespeichert haben. Diese Vorprägung beeinflusst Ihr Handeln.

Das Problem dabei: Im Normalfall speichern Menschen negative Informationen ab. Deshalb werden ängstliche Personen in schwierigen Momenten immer ängstlicher. Überlegen Sie einmal: Sind Sie auch ein eher negativer Denker? Dann ist es kein Wunder, dass Sie in bestimmten Situationen immer schwächer werden. Die Lösung lautet: Denken Sie stattdessen konstruktiv. Dann werden Sie stärker. Ganz einfach!

Nehmen wir einmal an, Sie bitten Ihren Vorgesetzten um eine Gehaltserhöhung. In der Diskussion stellt sich schnell heraus, dass er dies ablehnt. Ihr negatives Fazit aus dem Gespräch lautet: „Ich hasse diese Gespräche mit meinem Chef. Er gewinnt sowieso immer." In Ihrem unterbewussten Zentrallager wird nun im Raum mit dem Schild „Chefgespräche" eine Informationskarte in der Negativecke abgelegt. Darauf steht „Keine Chance" oder „Ich bin bestimmt unterlegen". Bei der nächsten Zusammenkunft wird diese Karte wieder hervorgeholt und Sie gehen mit einer entsprechend negativen Grundhaltung in die Zusammenkunft. Egal, um welches Thema es geht, Sie werden denken: „Er wird bestimmt seinen Willen durchsetzen."

Statt mit dem Gedanken „Der Chef wird bestimmt wieder gewinnen" sollten Sie aber besser mit einer konstruktiven Einstellung an die Sache herangehen. Platzieren Sie ein Kärtchen in der positiven Ecke! Sagen Sie sich z. B.: „Ja, jedes Gespräch mit dem Chef wird mich besser machen." Eine solche Einstellung hat zum einen - wie oben bereits beschrieben - den unmittelbaren Vorteil, dass Sie sich kurzfristig stärker fühlen und damit auch Souveränität ausstrahlen. Zum anderen programmieren Sie aber auch Ihr Unterbewusstsein und damit Ihr Wertesystem über Jahre hinweg auf Stärke und nicht auf Angst.

Es geht nicht um eine Kehrtwende

Machen Sie aber nicht den Fehler, zu viel auf einmal zu wollen! In meinen Seminaren werde ich oft darauf hingewiesen, dass es nicht einfach ist, den Gedanken „Ich hasse diese Gespräche mit meinem Chef" in ein „Hurra, ich freue mich auf die Verhandlung" zu verwandeln. Das trifft genau den Kern des Problems. Dieser komplette Richtungswechsel kann auch nicht funktionieren. Genau deshalb empfehle ich Ihnen nicht das klassische „positive Denken", sondern eben das „konstruktive Denken". Versuchen Sie nicht einfach, Ihre bisherige negative Einstellung durch das Gegenteil zu ersetzen, sondern führen Sie sich vor Augen, wie Sie konstruktiv an eine Sache herangehen können. Machen Sie aus „Das schaffe ich nie" nicht „Ja, das schaffe ich auf jeden Fall", sondern sagen Sie sich stattdessen: „Ja, das macht mich erfahrener".

Der Erfolg liegt in Ihrer Hand

Fassen wir also noch einmal zusammen:

Kurzfristig bestimmen Ihre Gedanken Ihre externe Kommunikation, die dann entsprechend für oder gegen Sie arbeitet.

Gedanke ▶ Gefühl ▶ Wortschatz und Ausstrahlung

Langfristig werden all Ihre Gedanken im Unterbewusstsein abgespeichert und prägen Ihr Wertesystem. Je nachdem, ob eine positive oder eine negative Einstellung überwiegt, wird Sie das persönlich stärken oder schwächen.

Gedanke ▶ Wertesystem ▶ Stärke oder Schwäche

Damit bestimmen Sie jederzeit, nur durch Ihre Gedanken, ob Sie das positive Potenzial Ihrer Kommunikation nutzen können. Es liegt allein in Ihrer Hand, ob Sie sich sicher fühlen oder im Erdboden versinken. Das, woran Sie glauben, wird mit hoher Wahrscheinlichkeit zu Ihrer Wahrheit.

Beispiel: Monika soll in einer Präsentation vor Kollegen ein neues Produkt, das vor der Markteinführung steht, vorstellen. Das Problem: Sie hat große Angst davor, einen Vortrag zu halten. Das ist ihr zentraler Gedanke: „Mist! Das kann ich nicht. Da werde ich bestimmt wieder rot. Ich hasse das." Die letzten Stunden vor der Präsentation sind mit dieser Einstellung sehr unangenehm für sie. Sie ist genervt und kann kaum an etwas anderes denken. Als sie mit ihrem Vortrag beginnt, können die Zuhörer an Monikas Gesichtsausdruck klar erkennen, dass sie keine Freude daran hat. Ihre Gestik und die Art und Weise, wie sie spricht, unterstreichen diesen Eindruck. Alles in allem kommt das Publikum zu dem Schluss, eine nur akzeptable Präsentation zu hören.

Monika hat sich auch langfristig keinen Gefallen getan. Ihr Gedanke „Mist! Das kann ich nicht" führt zu einer klaren Bestätigung dieses Werts in ihrem Unterbewusstsein. Dort sind in der Kammer „Präsentationen" schon viele entsprechende Kärtchen in der Negativecke abgelegt. Indem sie diese Einstellung erneut reproduziert hat, wurden ihre Unsicherheit und Angst in diesem Bereich wieder ein wenig verstärkt. Ihr Selbstbewusstsein hat sich weiter verringert, ihre Ängste wurden größer.

Dabei wäre es so einfach gewesen. Ein positiver Gedanke hätte z. B. sein können: „Ja, ich mache das schon. Ich kann das irgendwie. Es wird mich jedes Mal ein wenig besser machen, wenn ich es immer wieder von Neuem probiere." So hätte Monika sich kurzfristig besser gefühlt und auch bei der Präsentation Zuversicht ausgestrahlt.

Langfristig hätte sie in ihrem Unterbewusstsein den positiven Bereich gestärkt und ihr rhetorisches Können wieder ein wenig ausgebaut.

Der Universalgedanke gegen Stress

In meinen Seminaren werde ich regelmäßig nach einer Gedankenempfehlung für Stressreize gefragt. Was sollte ich denken, wenn ich angegriffen werde, wenn ich es mit einer überheblichen Person zu tun habe oder wenn mich jemand stresst?

Diese Gelegenheit nutze ich immer gern, um einen genialen Universalgedanken zu empfehlen. Es ist eine Botschaft, die in wirklich jeder undankbaren Situation einen konstruktiven Anschub gibt. Ärgern Sie sich nicht mehr, streiten Sie nicht mehr mit, sondern denken Sie innerlich mit dem folgenden Satz, der Sie täglich wachsen lässt:

„Danke, dass Sie mich daran erinnern, wie ich nicht mehr sein werde und wie einfach es sein kann, mich zu verbessern!"

Genial, nicht wahr? Erinnern Sie sich in solchen Momenten künftig einfach an Ihr bisheriges Wachstum und die Möglichkeiten, sich von der Masse abzuheben. So wird jeder Angriff durch bewusste innere Kommunikation zu einer Trainingsmöglichkeit und damit zu einem Erfolg für Sie!

05
Bewusste ist bessere Kommunikation

Würden wir spontan auf der Straße eine Umfrage machen, dann wären die Ergebnisse eindeutig: „Halten Sie gern einen Vortrag?" „Können Sie ohne Angst und Pannen präsentieren?" „Fühlen Sie sich wohl, wenn Sie mit Ihrem Chef reden müssen?" Die Antworten wären sicher fast immer die gleichen: „Nein, nein und nein."

Kein Wunder! Umgang prägt den Menschen. Wir lernen von unserem Umfeld. Wir übernehmen die Werte der Menschen um uns herum. Das Ergebnis: Durchschnittliches wird Durchschnittliches hervorbringen.

Kommunikation auf Durchschnittsniveau

Die meisten Menschen reden, „wie ihnen der Schnabel gewachsen ist". Sie besuchen keine Rhetoriktrainings und lesen keine Rhetorikratgeber. Sie haben nie wertvolle Tipps und Tricks von Experten erhalten, professionelle

Kommunikation und erfolgsorientierte Gesprächsführung sind ihnen fremd. Sie wenden allein das an, was ihnen an den Stationen ihres Lebens mitgegeben wurde. Dieses Wissen entwickelt sich bei allen Menschen ähnlich: In der Kindheit prägen uns die Eltern und später unsere Lehrer und Mitschüler. Im Rahmen des Studiums oder der Ausbildung orientieren wir uns an Dozenten oder Ausbildungsverantwortlichen. Angekommen im Berufsleben bilden wir unsere Kommunikationsfähigkeit – wenn überhaupt – nach dem Vorbild von Kollegen und Vorgesetzten aus. Fertig.

Mehr passiert bei Millionen von Menschen nicht. Sie entwickeln sich in der Regel zufällig und damit durchschnittlich weiter. Ihre Kommunikationsfähigkeit bleibt auf dem gleichen Niveau wie die ihres Umfelds: Sie kennen die Möglichkeiten einer erfolgreichen Rhetorik nicht, haben Angst vor Präsentationen und trauen sich kaum etwas zu.

20 Prozent mehr Erfolg

Indem Sie diesen Ratgeber lesen, sind Sie bereits einen entscheidenden Schritt weiter. Wenn Sie nun mit regelmäßigem Training, Seminaren und weiteren Büchern dranbleiben, werden Sie ganz einfach besser und souveräner als die anderen. Glauben Sie mir: Gehen Sie einen anderen Weg als die Masse und Sie werden auch mehr erreichen.

Sicher ist es unbequem, neue Wege zu gehen. Es erfordert Zeit, sich neues Wissen anzueignen, und Training kann anstrengend sein – aber es wird Sie weiterbringen. Dieser Ratgeber ist so konzipiert, dass er Ihnen alle wichtigen Grundlagen und weiterführende Tipps und Tricks erklärt und erläutert. Er wird Sie mit Wissen und Zusammenhängen versorgen, die die Masse nicht kennt. Dieses Buch wird Ihnen ermöglichen, ab sofort bewusster zu kommunizieren. Und das ist bereits ein riesiger Erfolg.

Meine Seminarteilnehmer bestätigen: Allein die bewusste Kommunikation lässt einen Menschen etwa 20 Prozent „erfolgreicher" werden. Durch bewusstes Reden schaffen Sie sich so ganz einfach 20 Prozent mehr Potenzial! Wer nicht mehr nur zufällig und intuitiv kommuniziert, begibt sich allein mit dieser Korrektur bereits auf ein Niveau, das andere ihr Leben lang nicht erreichen.

Die vier Erfolge bewusster Kommunikation

Bewusster kommunizieren heißt:

► Sie haben mehr Wissen über die Möglichkeiten der Kommunikation und fühlen sich dadurch bereits zuversichtlicher und stärker.
► Bevor Sie sprechen, entscheiden Sie nach bestimmten Kriterien, was Sie in welcher Form kommunizieren

sollten. Damit treffen Sie klarere Aussagen und können sprachliche Erfolge verbuchen.

▶ Sie sind permanent in der Lage, die eigenen Worte und die Aussagen anderer Menschen zu analysieren und damit zu hinterfragen.

▶ Sie ändern Ihr Kommunikationsverhalten in verschiedenen Situationen und fallen deshalb mit Besonderheiten angenehm auf.

Werden auch Sie erfolgreich!

Neun von zehn Personen bedanken sich am Ende meiner Trainings bei mir für die vielen Tipps und Tricks. Sie sind begeistert von der Wirkung der Feinheiten, auf die ich sie aufmerksam gemacht habe. Sie „beklagen" sich aber auch über ein weiteres Phänomen. Ich denke hierbei an eine Aussage wie „Vielen Dank für alles. Super! Ich habe jetzt nur ein Problem: Ich kann nicht mehr normal reden!"

Genau darum geht es. Die Teilnehmer sind erstaunt über die vielen Kleinigkeiten, die in der Summe einen gewaltigen Unterschied machen. Sie nehmen die Kriterien sehr ernst und stellen fest: Ich soll, will und werde künftig vieles an meiner Rhetorik ändern, denn ich habe wohl bislang viel falsch gemacht. Jetzt bin ich sensibilisiert und weiß, welche Details wichtig sind.

Kurzfristig ist das etwas Anstrengendes. Denn viele entscheidende Feinheiten fallen den meisten Menschen
nicht auf – wie auch, sie kommunizieren ja auch nicht
bewusst, sondern zufällig.

Damit auch Sie künftig bewusst und zielgerichtet reden
können, besprechen wir in den folgenden beiden Kapiteln die Details der alltäglichen verbalen und nonverbalen Kommunikation. Sie werden sehen, dass die Summe
der vielen kleinen Unterschiede den Profi vom Laien
trennt.

06
Die Kleinigkeiten der verbalen Kommunikation

Zur verbalen Verständigung gehört all das, was hörbar ist – also das, was Sie sagen, und die Art, wie Sie es sagen. In diesem Kapitel stelle ich Ihnen die vielen Kleinigkeiten vor, mit denen Sie Ihre Kommunikation in diesem Bereich schnell verbessern können.

Die ersten Worte

Die ersten Sekunden Ihrer Präsentation oder Ihres Gesprächsbeitrags bestimmen die Grundeinstellung, mit der Ihr Publikum Ihnen entgegentritt. Dieser Eindruck kann entweder für oder gegen Sie arbeiten. So sammeln Sie Punkte: Beginnen Sie nicht mit einem „Äh", „Ja" oder einem Räuspern. Sprechen Sie laut, deutlich und arbeiten Sie z. B. mit einem kreativen Einstieg, wie einer überraschenden Aussage, einem unterhaltenden Element oder etwas Unerwartetem. Dafür ist es hilfreich, wenn Sie Ihre ersten Sätze bewusst planen. Mit einem selbstbewussten Auftreten werden Sie sicher bei Ihren Zuhörern punkten.

Der letzte Satz

Der erste Eindruck ist entscheidend, der letzte Eindruck bleibt. Schon bevor Sie zu sprechen beginnen, sollten Sie wissen, wie Ihr letzter Satz lauten wird. Profis notieren ihn sich sogar auf ihrem Skript. Wenn es dann soweit ist und Sie am Ende Ihrer Rede angekommen sind, senken Sie die Stimme, damit die Zuhörer merken, dass Sie fertig sind. Das Peinlichste, was Sie zum Abschluss sagen können, ist: „Äh, das war's." Bringen Sie stattdessen Ihren Beitrag mit einem abschließenden „Danke" auf den Punkt. Das wirkt deutlich souveräner.

Auffällige Füllwörter

Erkennen und vermeiden Sie Füllwörter wie „sozusagen", „entsprechend" oder „prinzipiell". Solche Wörter schleichen sich ein, ohne dass Sie es wahrnehmen, und verwässern Ihre Aussagen. Dieser Aspekt ist wichtiger, als es zunächst den Anschein hat. Die meisten Menschen sind sich nicht bewusst, dass sie Füllwörter nutzen, verwenden sie zu häufig und schwächen dadurch ihre Position als Redner. Ihre Formulierungen wirken weniger überzeugend. Außerdem neigen Zuhörer dazu, eine gedankliche Strichliste zu führen, wenn sie solche überflüssigen Vokabeln erkennen. Verwenden Sie die Füllsel deshalb so wenig wie möglich. Der Profi sagt z. B. statt „Das ist prinzipiell möglich" klipp und klar: „Das ist möglich."

Erkennbare Fülllaute

Fülllaute wie „Äh", „Mh" oder ein lang gezogenes „Uuund" sind ebenfalls Angewohnheiten, die die Qualität Ihres Vortrags schmälern und Ihre Wirkung als Redner schwächen. Ihr Publikum übersetzt sie mit: „Moment, es geht gleich weiter. Ich denke nach und spreche gleich wieder zu Ihnen!" Sie bieten also keinerlei Vorteile. Die Lösung ist einfach: Erkennen Sie die für Sie typischen Fülllaute und trainieren Sie, auf sie zu verzichten.

Relativierungen

Die Relativierungen gehören zu den deutlichsten Mitteln, mit denen unsere Sprache schwächer wird, und sie sind leider sehr weit verbreitet. Der Klassiker ist das Wort „eigentlich". Setzen Sie Relativierungen nur dann ein, wenn Sie wirklich etwas „weicher" formulieren wollen. Im privaten Kontext ist an der Aussage „Schatz, wir wollten doch heute eigentlich ins Kino gehen" nichts auszusetzen, wenn sich der gemeinsame Abend anders entwickelt als erwartet. Dagegen ist es unangemessen, wenn Sie z. B. zu Ihrem Vorgesetzten sagen: „Ich bin eigentlich zufrieden mit meiner Arbeit." Ihre Position bleibt unklar:

Sind Sie nun zufrieden oder nicht? Auch hier gilt daher: Erkennen und vermeiden Sie Relativierungen!

Negativworte

Gehen Sie vorsichtig mit Worten um, die negativ besetzt sind (z. B. „Prüfung", „Angst", „Kritik"). Diese verursachen beim Publikum entsprechend negative Gedanken. Tauschen Sie sie gegen neutralere Begriffe aus (z. B. „Test", „Gefühl", „Rückmeldung") und erreichen Sie damit als Redner eine positivere Wirkung.

Verneinte Aussagen

Unser Gehirn verarbeitet verneinte Aussagen oft anders, als sie gemeint sind. Wir setzen uns automatisch erst einmal mit dem auseinander, was verneint wurde. Die Aussage „Machen Sie sich keine Sorgen" lässt einen Zuhörer über Sorgen nachdenken. Formulieren Sie einfach anders: „Seien Sie zuversichtlich" klingt und wirkt besser.

Konjunktivformulierungen

Der Konjunktiv (Möglichkeitsform) lässt Menschen schwächer wirken. Mit Formulierungen wie „Ich könnte mir vorstellen, ...", „Ich würde meinen, dass ..." oder „Ich sollte das tun" lässt sich der Redner ein Hintertürchen offen und verliert dadurch an Autorität. Wer hingegen bewusst im Indikativ (Wirklichkeitsform) formuliert, wirkt stark und souverän. Es macht einen großen Unterschied, ob jemand „etwas tun würde" oder ob er „etwas tut". Verbannen Sie also die Konjunktive aus Ihren Aussagen. So wirken Sie präsent und verbindlich.

Substantivierte Verben

Verben (Tätigkeitswörter) gehören zu den lebendigsten Elementen, die unsere Sprache zu bieten hat. Durch sie klingen Sätze frischer und aktiver. Verderben Sie diesen Effekt nicht, indem Sie aus Verben unnötig Substantive (Hauptwörter) bilden! Das endet nämlich schnell mit dem gefürchteten „Beamtendeutsch". Die Aussage „Bitte beantworten Sie meine Frage" klingt z. B. mit einer Substantivierung gleich viel unpersönlicher: „Ich bitte Sie um Beantwortung meiner Frage." Auch der Satz „Ich danke für Ihr Erscheinen" wirkt nicht sehr lebendig – im Gegensatz zu: „Ich danke Ihnen, dass Sie heute hier erschienen sind." Natürlich müssen Sie Substantivierungen nicht ganz und gar aus Ihrem Sprachgebrauch streichen. Es ist vielmehr eine Frage der Häufigkeit: Erst wenn sie zu oft auftauchen, lassen sie Ihre Rede steif und übertrieben sachlich klingen.

Nachschübe und Einschübe

Eine wichtige Botschaft hat einen kurzen und prägnanten Satz verdient. Treffen Sie deshalb klare Aussagen und verzichten Sie auf nachgestellte oder eingeschobene Ergänzungen. In Video- und Audioanalysen von Gesprächen ist es immer wieder zu erkennen: Jemand trifft eine konkrete Feststellung und nimmt seiner Formulierung dann die Prägnanz, indem er durch einen Zusatz seinen Standpunkt aufweicht. Das folgende Beispiel illustriert den Zusammenhang: „Ich fahre sehr gern Fahrrad – zumindest wenn ich die Zeit dafür habe." Der Nachschub in diesem Satz ist definitiv nicht nötig. Die wichtige Information für die Zuhörer ist, dass der Sprecher gern Fahrrad fährt. Von der genannten Einschränkung müssen sie nichts erfahren.

Satzlänge

Ein guter und leicht nachvollziehbarer Satz besteht aus maximal zehn bis zwölf Wörtern. Natürlich lassen sich längere Sätze nicht immer vermeiden. Grundsätzlich sollten Sie sich aber bewusst machen, dass dies das Verständnis Ihrer Aussagen deutlich erschwert. Sätze mit Einschüben oder nachgeschobenen Informationen erreichen gern mehr als 20 Worte und sind dann wirklich schwer zu begreifen. Typisch ist in diesem Zusammenhang auch, dass der Redner einen Satz nicht richtig schließt, da ihm z. B. seine Hilfsverbkonstruktion nicht mehr klar ist. Das Thema lässt sich mit einer einfachen Regel auf den Punkt bringen: Je wichtiger die Botschaft ist, desto kürzer sollte der Satz sein.

Unsichere Redner machen genau das Gegenteil: Sie arbeiten mit vielen Einschüben, die Aussage wird dadurch verwässert. So wird aus der Botschaft „Bitte seien Sie ab morgen wieder pünktlich um 9 Uhr im Büro" ein Megasatz wie: „Sie wissen, ich bin für offene Worte und ich möchte Sie daher bitten – Sie verstehen das bestimmt – ab morgen, sofern Ihnen das möglich ist, und ich denke doch schon, dass es das ist …"

Beispiele und Vergleiche

Arbeiten Sie möglichst häufig mit Beispielen und Vergleichen. Dadurch werden Ihre Aussagen einfacher nachvollziehbar und Sie erleichtern es Ihrem Publikum, Ihnen zuzuhören. Erlebnisse aus Ihrer persönlichen Erfahrung etwa eignen sich dazu, Ihre Aussagen zu illustrieren. Und die Information „Das Hotel ist sehr bekannt" wird viel anschaulicher, wenn Sie sagen: „Das Hotel war schon bei RTL und Pro7 in diversen Reiseberichten zu sehen." Beispiele und Vergleiche fördern den Transfer zwischen Sprecher und Zuhörer und unterscheiden Profis von durchschnittlichen Rednern. Menschen, die aktiv mit diesem Mittel arbeiten, erhalten sehr oft die Rückmeldung, dass ihre Inhalte dadurch sehr einfach zu verstehen waren.

Umgang mit Zahlen

Aktives Arbeiten mit Zahlen ist ein sprachliches Element, das leider nur wenige Redner nutzen. Dabei lässt sich ein Vortrag dadurch sehr einfach gliedern. Den Zuhörern fällt es dann leichter, dem Inhalt zu folgen. Folgende Formulierung ist ein gutes Beispiel für diese Technik: „In den folgenden fünf Minuten werde ich auf zwei Bereiche eingehen. Erstens spreche ich über die Vorgeschichte und zweitens über meine Idee."

Allerdings ist Vorsicht geboten. Setzen Sie zu viele Zahlen ein, geht das Verständnis schnell wieder verloren und Verwirrung oder Frustration sind die Folge – auch wenn Ihre Methode gut gemeint war. Folgender Satz veranschaulicht diesen Effekt: „Ich bin seit fünf Jahren in Vollzeit beschäftigt. Jede Woche 40 Stunden Arbeit sind für einen 53-jährigen Mann mit zwei Kindern eine Herausforderung."

Struktur und Service

Die Technik der Gliederung durch Zahlen führt uns direkt zu einem weiteren Punkt: Ein professioneller Redner bietet seinem Publikum maximalen Service, indem er seine Aussagen bestmöglich strukturiert. Nehmen Sie folgendes Beispiel: „Ich werde Ihnen nun erst die Vorteile und dann die Nachteile schildern." Diese Aussage ermöglicht es uns, beim Zuhören „faul" zu sein. Wir wissen, welche Inhalte uns erwarten, und können diese bequem einordnen. Wenn wir uns auf das einstellen können, was wir hören werden, empfinden wir den Vortrag als besonders angenehm und die Redequalität als vorbildlich. Die Regel lautet: Je „fauler" wir als Zuhörer sein können, desto besser gefällt uns der Redner.

Angemessene Pausen

Es ist ein klassischer und weit verbreiteter Fehler: Menschen neigen dazu, kurze Atempausen zu machen, die vom Zuhörer kaum wahrgenommen werden. Dramaturgische Zäsuren, die Akzente in der Rede setzen und Inhalte besser wirken lassen, sind hingegen eine Seltenheit. Doch wir brauchen Ruhepunkte, um das Gesagte einordnen und oftmals auch verstehen zu können. Macht ein Sprecher keine Pausen, verliert er seine Zuhörer immer wieder. Denn während das Publikum noch eine Aussage verarbeitet, ist der Redner womöglich schon beim nächsten Punkt seiner Rede. Im Sprachfluss ist eine Pause erst ab einer Länge von einer Sekunde wahrnehmbar, deutliche Wirkung entfaltet sie sogar erst nach zwei oder drei Sekunden.

Geschwindigkeit

Etwa die Hälfte aller Redner spricht zu schnell. Oft ist das gut gemeint: Die Referenten wollen möglichst viele Informationen in möglichst kurzer Zeit unterbringen. Tatsächlich entstehen aber gleich zwei Nachteile. Zum einen gerät der Zuhörer unter Stress: Er empfindet diese Komprimierung als unangenehmes Druckelement. Zum anderen fällt es ihm schwer, die Informationen aufzunehmen. Wir brauchen eine reduzierte Redegeschwindigkeit (und Pausen), um das Gehörte verarbeiten zu können.

Um Ihre Redegeschwindigkeit zu optimieren, können Sie sich z. B. selbst Texte vorlesen. Lassen Sie dabei auch einmal ein einfaches Diktiergerät mitlaufen und werten Sie die Aufnahme hinterher für sich aus. Diese Möglichkeit bietet sich auch an, während Sie mit einem Freund telefonieren – natürlich nur mit dessen Einverständnis. So schärfen Sie Ihr Gefühl für das richtige Tempo und können Ihre Redequalität besser einschätzen.

Lautstärke

Redeprofis sprechen laut und deutlich. So ist ihre Stimme präsent und gut zu verstehen. Auch dies trägt dazu bei, dass das Publikum einem Vortrag bequem folgen kann. Sie kennen bestimmt die folgende Situation: Wenn jemand leise zu uns spricht, neigen wir uns mit dem Kopf etwas zu ihm hin. So strengt uns das Zuhören an und wir verlieren schnell die Lust am Gespräch oder am Vortrag.

Auch Ihre Stimme können Sie ganz einfach trainieren, indem Sie sich selbst beliebige Texte vorlesen. Wenn Sie oft zu leise sprechen, sollten Sie das Problem mit dieser

Übung schnell in den Griff bekommen. Fragen Sie bei Ihrem nächsten Vortrag auch einmal nach, ob Ihr Publikum Sie gut versteht. So bekommen Sie Rückmeldung über Ihre Fortschritte.

Allerdings dürfen Sie es mit der Stimmgewalt nicht übertreiben, denn zu lautes Sprechen ist genauso kontraproduktiv. Es löst beim Zuhörer Stress aus. Zudem klingen Sie dadurch aggressiv. Das Publikum empfindet Sie als unsympathisch und geht auf Distanz.

Modulation und Stimmlage

Zuhören macht immer dann besonders viel Spaß, wenn der Redner mit seiner Stimme gut umgehen kann. Neben den bereits genannten Kriterien sind dabei auch die Stimmlage und die Modulation der Tonhöhe von großer Bedeutung. Unsere Worte wirken auf andere Menschen sehr angenehm, wenn sich ihr Klang um unseren individuellen Resonanzton bewegt. Die Stimme ist dann kräftig und das Sprechen ist auch für uns selbst entspannt. Dieser Ton liegt bei jedem Menschen auf einer anderen Höhe und hängt in erster Linie vom Körperbau ab. Wenn Sie ihn noch nicht kennen, finden Sie ihn am besten mithilfe Ihrer Badewanne heraus. Legen Sie sich bis zum Hals ins Wasser. Brummen Sie nun vor sich hin. Beginnen Sie mit einem ganz hohen oder ganz tiefen Ton und gehen Sie dann immer tiefer bzw. höher. Sie werden einen Punkt finden, an dem Sie deutlich merken, dass das Wasser „mitmacht". Hier klingt Ihr Körper am stärksten und vibriert spürbar. Dies ist Ihr individueller Resonanzton.

Nutzen Sie Ihren Resonanzton, wie es auch die Profis tun, als Grundstimmlage. Von dort aus haben Sie genug Reserven, Ihre Stimme zu heben oder zu senken. Modulieren Sie aber angemessen. Sorgen Sie zum einen dafür, dass nicht jeder Satz gleich klingt. Sonst wirken Sie – wie sehr viele Redner – schnell monoton. Achten Sie zum anderen aber auch darauf, dass die Veränderungen der Stimme zu Ihren Worten passen. Denken Sie z. B. einmal an Ihren letzten Flug: Sehr viele Piloten und Stewardessen modulieren bei ihren Durchsagen nicht nach dem Inhalt, sondern zufällig in einer Art Wellenbewegung. Das klingt oft sehr eigenartig.

Dialekt

In meinen Seminaren werde ich immer wieder gefragt, ob es gut oder schlecht für einen Vortrag ist, wenn der Referent mit Dialekt spricht. Grundsätzlich geht es mir bei den Feinheiten der Kommunikation nie darum, ob etwas richtig oder falsch ist. Viel wichtiger ist die Frage, ob eine sprachliche Besonderheit für oder gegen mich arbeitet. Eine mundartliche Färbung ist etwas Wunderbares. Sie gibt einem Redner Profil. Wir können ihn besser einordnen, da wir hören oder zumindest vermuten, wo er seine Wurzeln hat. Damit wirkt er authentisch und es ist wahrscheinlicher, dass sich eine emotionale Verbindung entwickelt. Ein klarer Dialekt ist allerdings immer nur dann empfehlenswert, wenn die Zuhörer ihn auch verstehen können. Ist das nicht der Fall, sollten Sie Ihre Mundart eher vorsichtig einsetzen.

Wortschatz

Grundsätzlich sollten Sie sich nicht zu weit von Ihren Sprachgewohnheiten entfernen. Das gilt vor allem für den Wortschatz. Nutzen Sie auch bei wichtigen Reden oder Präsentationen das Vokabular, das Sie üblicherweise auch im Alltag verwenden. Dann fühlen Sie sich nicht nur sicher, sondern wirken auch authentisch. Ich erlebe in meinen Seminaren immer wieder, dass Jugendliche Wörter und Formulierungen verwenden, die sie so niemals einem Freund gleichen Alters erzählen würden. Sprechen Sie nach Möglichkeit die Sprache Ihrer Zuhörer und benutzen Sie dabei Wörter, die Ihnen selbst geläufig sind. Damit punkten Sie.

Phrasen

Vermeiden Sie Phrasen aller Art. Diese fließen oft in Ihre Rede ein, ohne dass Sie es selbst bemerken. Formulierungen wie „meine Wenigkeit" oder „zum Bleistift" mögen auf den ersten Blick kreativ klingen. Tatsächlich schwächen sie aber Ihre Sprache, da dies abgedroschene Floskeln sind. Eine interessante und kommunikationsstarke Persönlichkeit benutzt keine Phrasen oder kopiert andere Aussagen.

„Man"-Botschaften

Auch auf Formulierungen mit „man" sollten Sie verzichten. „Man"-Botschaften sind weit verbreitet und wirken sehr unverbindlich. Der Satz „Man sollte eine Rundmail schreiben" klingt sehr allgemein und löst keine konkrete Reaktion aus. Die Aussage „Man sollte weniger essen" zeugt vielleicht von einer wichtigen Erkenntnis, eine Diät lässt sich damit aber sicher nicht durchhalten.

Sprechen Sie von sich selbst mit einem starken „Ich". Nehmen Sie andere mit ins Boot, indem Sie das Pronomen „wir" benutzen, oder sprechen Sie Ihre Zuhörer direkt und appellierend mit „Sie" an. Solche Aussagen wirken stark und verbindlich: „Ich arbeite täglich an mir." „Sie können das Ziel leicht erreichen." „Wir werden jetzt mit dem Projekt beginnen."

Pauschalisierungen: „Keine Ahnung, immer"

Achten Sie auf verallgemeinernde Aussagen! Die Arbeit mit ihnen ist undankbar. Der Grund: Verallgemeinerungen sind nahezu nie richtig. „Nie bringst Du den Müll weg!" kann schnell widerlegt werden, wenn es vor einem Jahr doch einmal der Fall war. Weit verbreitet ist auch die Aussage „Keine Ahnung". Vorsicht – meist wollen wir sagen, dass wir etwas nicht sicher wissen. Eine Ahnung oder Vermutung haben wir meist schon. Wer sich jedoch mit „Nö, keine Ahnung!" in der Öffentlichkeit zeigt, wirkt schnell schwächer, als er ist. Ein kleines Detail, ein feiner Unterschied und manchmal kommt es genau auf diese Kleinigkeit an. Profis verzichten daher auf pauschale Aussagen oder gehen sehr sensibel damit um.

Jammernde Elemente

Hören Sie bei sich selbst und bei anderen einmal genauer hin – Sie werden erstaunt sein, wie viel gejammert wird. Dabei ist ganz klar: Wer sich ständig beschwert, ist unattraktiv.

Ein beliebtes Beispiel in meinen Seminaren sind Stammtische. Ausnahmen gibt es ja im Leben immer – aber das frische Bier beim Stammtisch wird gern und meist ausschließlich mit Jammerei getrunken. Das bestätigen mir natürlich auch Mitglieder und Fans solcher Runden.

Erkennen und stoppen Sie also die Miesmacher in Ihrer Sprache. Dazu kann bereits das Wort „leider" gehören. Die Aussage „Ich habe leider wenig Zeit für dieses Hobby" können Sie viel positiver formulieren: „Ich freue mich, wenn ich für dieses Hobby Zeit finde". Noch besser ist es aber, wenn Sie Informationen, die nach einer Beschwerde klingen, einfach weglassen.

Visionen und Appelle

Selbstbewusste Rednerpersönlichkeiten formulieren Appelle und sprechen von ihren Visionen. Nutzen Sie diese Elemente, um Ihre Wirkung zu verstärken! Ein Aufruf wie „Lasst uns heute noch zwei finale Ideen beschließen!" bewegt andere zum Handeln. Und um Aussagen wie „Meine Vision ist es, mit 50 Jahren ins Ausland zu ziehen" werden andere Sie beneiden. Mit solchen Kleinigkeiten können Sie täglich Punkte sammeln. Überlegen Sie sich, welche Möglichkeiten Sie in einem Gespräch oder einer Präsentation haben, um andere zu motivieren. Sprechen Sie immer wieder von Ihren Visionen. Reden Sie über die Dinge, die Sie antreiben. Dann werden Sie andere mit Ihrer Ausstrahlung begeistern.

07

Die Kleinigkeiten der nonverbalen Kommunikation

Im nonverbalen Bereich der Kommunikation geht es um Ihre Ausstrahlung jenseits der Worte. Trainer nennen ihn auch den Bereich der Wirkungsverstärker. Gerade untrainierte und unsichere Redner machen hier besonders häufig Fehler. Deshalb lernen Sie im Folgenden die wichtigsten Details der Verständigung ohne Worte kennen. Damit werden Sie sich nicht nur sicherer fühlen, sondern auch souveräner auftreten.

Fester Stand

Nur wenige Menschen beherrschen das sichere und feste freie Stehen. Die meisten Redner nutzen nur ein Standbein, d. h. ihr Körpergewicht lastet auf einer Seite, während das andere Bein leicht ausgestellt ist. Das hat eine leichte Körperkrümmung zur Folge. Das Problem dabei: Mit einer durchgebogenen Hüfte wirken wir weder kompetent noch kommunikationsstark. Zudem neigen einige Menschen dazu, mit dem freien Bein zu „spielen", es hinter das andere zu stellen oder den Fuß leicht einzuknicken. Dadurch erscheinen sie noch unsicherer.

Der Profi steht bewusst auf beiden Beinen. Er verteilt das Körpergewicht gleichmäßig im Verhältnis 50:50. Dabei stehen die Füße mit einem Abstand etwa in Hüftbreite nebeneinander und finden festen Halt am Boden. Die Beine sind gerade und haben eine angemessene Muskelspannung. Diese Position bietet einerseits dem Redner selbst psychologischen Halt: Er kann bewusst wahrnehmen, wie er sicher auf der Erde steht. Andererseits wirkt er dadurch auch nach außen sehr souverän.

Diese Haltung ist nur als ideale Grundposition zu verstehen. Sie können sich natürlich auch bewegen oder bei einem längeren Vortrag zeitweise nur ein Standbein nutzen. Profis beginnen und schließen ihre Rede aber in dieser Position und kommen auch zwischendurch immer wieder zu ihr zurück – es ist wie beim Tanzen.

Grundposition Arme

Die richtige Position der Arme und damit auch der Hände beim freien Stehen ist eines der zentralen Probleme in meinen Kommunikationstrainings. Die meisten Menschen lassen ihre Arme nach unten hängen und vermitteln so Lustlosigkeit. Dazu kommt, dass ihre Bewegungen schnell abwertend wirken, wenn sie dort, unter der Gürtellinie, gestikulieren. Nicht weniger problematisch ist es, die Hände oberlehrerhaft hinter dem Rücken oder abweisend vor der Brust zu verschränken. Völlig inakzeptabel sind die Hände in den Hosentaschen. Das wirkt sehr leger und vermittelt den Eindruck, der Redner nimmt seine Sache nicht ernst.

Die ideale Position der Arme erreichen Sie, wenn Sie diese angewinkelt in Höhe des Bauchnabels halten. Damit befinden sich Ihre Hände etwas oberhalb der Gürtellinie in der empfundenen Körpermitte. Diese Haltung hat zwei Vorteile. Zum einen wirken Sie präsenter im Raum. Ihre Ellenbogen lassen Sie etwas breiter und damit stärker erscheinen. Zum anderen können Sie so auch aktiv und positiv gestikulieren.

Noch ein Tipp: Teilnehmer meiner Seminare schildern mir immer wieder, dass sie diese Grundhaltung als sehr unangenehm empfinden. Dieses Gefühl können Sie vermeiden, wenn Sie z. B. ein Skript oder einen kleinen Gegenstand (wie eine Büroklammer) in den Händen halten.

Kleidung

Rund 90 Prozent unseres Körpers sind von unserer Kleidung bedeckt – deshalb hat sie eine enorme Wirkung. Sie kennen diesen Effekt selbst: Ein Anzug strahlt Seriosität aus, ein Kleid verleiht einer Frau Eleganz und ein Hawaii-hemd sieht eben nach Urlaub aus. Seien Sie sich darüber stets im Klaren und achten Sie auf eine angemessene Garderobe. Wenn Sie sich nicht sicher sind, lautet die Regel: Bleiben Sie unauffällig. Mit dezenten Farben und zurückhaltender Kleidung sind Sie fast immer auf der sicheren Seite.

Vorsicht mit Accessoires!

Sie tragen gern einen modischen Schal, eine längere Kette oder auffällige Ohrringe? Damit sollten Sie vorsichtig sein. Ich erinnere mich an eine Seminarteilnehmerin, die eine große Aufsteckblume im Halsbereich trug. Die anderen Anwesenden gaben an, dass diese Kleinigkeit der Grund dafür war, dass sie der Dame eher auf die Blume sahen, als dem Inhalt zu folgen. Hinzu kommt, dass solche und ähnliche Accessoires nicht nur die Zuhö-rer, sondern auch den Redner selbst beeinflussen kön-nen: Ich habe schon viele Personen erlebt, die z. B. wäh-rend ihres Vortrags unbewusst an ihrem Schal spielten. Die „modischen Fransen" animieren verlegene Redner, daran herumzuzupfen. Die Überraschung kam dann bei der Videoanalyse. Setzen Sie sich in wichtigen Momen-ten nicht unnötigen Gefahren aus und verzichten Sie im Zweifelsfall lieber auf Ihr Schmuckstück.

Bewegungen

Aktive Gestik ist etwas enorm Wichtiges. Mit Ihren Händen und Armen unterstreichen Sie das Gesagte und lassen Ihre Inhalte stärker wirken. Wer sich hingegen beim Sprechen sehr wenig oder gar nicht bewegt, wirkt schwach und teilnahmslos. Auch zu viel Dynamik kann nachteilig sein. Schnelle Bewegungen lösen Stress beim Zuhörer aus und übertrieben „große Gesten" wirken oft unglaubwürdig. Finden Sie Ihren eigenen Weg bei Ihrer Gestik und probieren Sie aus, was zu Ihnen passt.

Blickkontakt

Ein aktiver Blickkontakt ist eines der wichtigsten nonverbalen Ausdrucksmittel. Wer seine Zuhörer nicht immer wieder ansieht, wird sie auch mit seiner Rede nicht wirklich erreichen. Bewusster Augenkontakt hingegen aktiviert das Publikum, schafft eine Verbindung und fördert damit die Bereitschaft, den Informationen, die der Redner vermittelt, zu folgen.

Idealerweise dauert ein Blick ein bis drei Sekunden. Diese Zeit brauchen wir, damit wir uns wirklich angesprochen fühlen. Viele Redner machen den Fehler, dass sie ihr Publikum nur flüchtig, also weniger als eine Sekunde anschauen. Danach wandern ihre Augen sofort wieder auf ihr Skript oder den Boden und verbleiben dort den größten Teil des Vortrags. Vermeiden Sie unbedingt solche Blicke, denn Sie senden damit starke Signale der Unsicherheit. Der Blickkontakt darf aber auch nicht zu intensiv sein. Schauen Sie eine Person z. B. 20 Sekunden lang an, fühlt diese sich belästigt und geht auf Distanz. Probieren Sie es gern einmal aus: Sehen Sie einer fremden Person im Bus länger als 15 Sekunden in die Augen oder lassen Sie es lieber doch sein, wenn Sie Ärger vermeiden wollen ...

Wichtig: Ein professioneller Blickkontakt bedeutet, dem Gegenüber direkt in die Augen zu sehen. Immer wieder höre ich von anderen Dozenten, die empfehlen, leicht an den Teilnehmern vorbei zu sehen, da dies einfacher sei. Diesen Trick sollten Sie auf keinen Fall anwenden – Ihrem Publikum würde er mit Sicherheit auffallen.

Reden im Gehen

Ein vorbildlicher Redner geht nach vorn, nimmt seine Standposition ein, verschafft sich durch einen Blick in die Runde Aufmerksamkeit und beginnt zu reden, wenn er sicher ist, dass alle ihm zuhören. Damit zeigt er, dass er sich selbst, seine Aufgabe und das Publikum ernst nimmt. Zweitklassige Referenten erheben das Wort bereits während ihrer letzten Schritte zum Vortragspult oder brummeln ihren letzten Satz, während sie bereits von der Bühne gehen, obwohl sie noch gar nicht fertig sind. Achten Sie auf diesen feinen Unterschied und sammeln Sie auch hier Pluspunkte gegenüber der Masse der Redner.

Skriptnutzung

Der Profi nutzt eine schriftliche Vorlage als Stütze für das freie Reden. Ein gutes Skript besteht allein aus Stichworten. Sie konsultieren es nur zwischendurch zur Orientierung. Darüber hinaus hilft es Ihnen, die Grundposition der Arme sicherzustellen, über die wir bereits gesprochen haben. Wenn Sie Ihr Skript in Bauchnabelhöhe halten, sieht das sehr professionell aus, Sie haben eine ideale Leseentfernung und es ist möglich, elegant aus der Körpermitte zu gestikulieren. Weitere Informationen zum idealen Skript finden Sie in Kapitel 8.

Spielereien

Auch das ist ein typisches und weit verbreitetes Problem unsicherer Referenten: Sie spielen an der Uhr, an Ringen oder Ohrringen herum, reiben sich die Hände, kratzen sich im Gesicht, beschäftigen sich mit ihren Fingernägeln oder zupfen ihre Kleidung zurecht. Solche Menschen sind bei der freien Rede sehr gestresst, aufgeregt und daher nicht in der Lage, diese Angewohnheiten während des Sprechens zu kontrollieren. Immer wieder reagieren auch meine Seminarteilnehmer sehr überrascht, wenn sie Videoaufnahmen von sich sehen und die genannten Verhaltensweisen beobachten. Profis machen es besser: Sie wissen zu jedem Zeitpunkt ihrer Rede, was sie tun, und achten darauf, dass sie nicht in diese Falle tappen. Wie schon erwähnt: Schalten Sie mögliche

Gefahren von vornherein aus und verzichten Sie auf überflüssige modische Accessoires.

Lächeln

Ein freundlicher Blick und ein Lächeln – das ist eines der stärksten Ausdrucksmittel der nonverbalen Kommunikation. Wer „nett" aussieht, dem hören die Menschen auch gern zu. Ein Lächeln verbindet, schafft emotionale Nähe und die Basis für Vertrauen. Nutzen Sie diesen Effekt, wenn Sie als Redner überzeugen möchten. Sorgen Sie dafür, dass Sie nicht zu ernst oder angespannt wirken. Viele Menschen glauben, sie würden mit einem ernsten Blick, also zusammengezogenen Augenbrauen und gesenkten Mundwinkeln, seriöser oder kompetenter wirken. Glauben Sie mir, das ist ein großer Irrtum. Wer freundlich aussieht, wird sein Publikum immer besser erreichen als jemand, der ein ernstes Gesicht aufsetzt.

Authentizität

Das ist einer der wichtigsten Ratschläge, die ich Ihnen geben kann: Bleiben Sie sich selbst treu – ganz einfach, ganz selbstverständlich! Wir merken als Zuhörer sofort und unbewusst, ob jemand authentisch ist oder ob er eine Rolle spielt. Ein natürliches Verhalten als Redner setzt voraus, dass Sie Ihre Wirkung kennen und die Möglichkeiten nutzen, die Ihnen Ihre Persönlichkeit bietet. Sind Sie eher schüchtern? Dann sollten Sie niemals versuchen, durch Gestik und Mimik ein Comedian zu werden. Waren Sie schon immer ein schlagfertiger Typ? Dann verbiegen Sie sich nicht, indem Sie sehr ernst werden. Ein weiteres Beispiel sind große Gesten: Bei der einen Persönlichkeit sind sie sehr überzeugend, bei einer anderen wirken sie eher unfreiwillig komisch. Nutzen Sie gerade im Nonverbalen die Möglichkeiten, Ihren Stil weiter zu verbessern, und bleiben Sie sich selbst treu. Dann sind Sie authentisch und sammeln im Bereich des Wirkens ohne Worte wichtige Punkte!

08

Das ideale Skript

Eine sehr beliebte Frage in meinen Seminaren ist: Wie sieht das ideale Skript aus? Auch hier sind es nur Kleinigkeiten, die den Unterschied machen.

Ein gutes Skript ist viel einfacher angelegt, als die meisten Menschen glauben. Der Grundgedanke dabei ist, wesentliche Eckpunkte eines Vortrags schriftlich festzuhalten und dem Redner damit einen roten Faden an die Hand zu geben. Nicht mehr und nicht weniger. Damit hat ein professionelles Skript folgende Anforderungen:

Papierformat DIN A5: Die ideale Seitengröße für ein Skript ist DIN A5 im Querformat. Das ist kompakt, bietet genug Platz für Notizen und sieht professionell aus. Sie haben es sicher schon im Fernsehen beobachtet: Vor allem TV-Moderatoren schwören auf diese Größe.

Stichworte: Wer begeistert referiert, spricht, ohne abzulesen. Ihr Skript soll Ihnen nur als Orientierung dienen, sollten Sie einmal den Faden verlieren. Deshalb enthält es ausschließlich Stichpunkte. Notieren Sie jeweils einen Begriff pro Themenbereich. Nur einfache und groß geschriebene Schlagworte sind mit einem kurzen Blick erfassbar. Sobald Sie zu viele Details oder zusätzliche Informationen in kleinerer Schrift festhalten, ist das Skript nicht mehr notfalltauglich.

Beginn und Ende: Eine Ausnahme von der zweiten Regel stellen Einleitung und Schlusswort dar. Ihr Skript sollte explizit die ersten und vor allem die letzten Worte Ihrer Rede festhalten. Notieren Sie sich gern Ihren abschließenden Satz in voller Länge auf der letzten Seite. Wie Sie bereits wissen, sprechen Profis auf den Punkt. Sie schließen mit einer prägnanten Aussage und abgesenkter Stimme. Nutzen Sie diesen Trick und minimieren Sie so das Risiko, mit einer unbeholfenen Phrase wie „Das war's" zu enden.

Zitate: Ein weiterer Ausnahmefall, für den Sie ausformulierte Sätze festhalten können, sind Zitate. Diese lesen Sie am besten ebenfalls direkt vom Skript ab. Alle anderen Details sollten Sie aber frei anhand Ihrer Stichpunkte formulieren.

Kartonqualität: Nutzen Sie dickes Papier oder dünnen Karton. Je stabiler Ihr Skript ist, desto besser lässt es sich handhaben. Normales Druckerpapier verknickt schnell. Das ist unpraktisch und sieht auch für Ihr Publikum unprofessionell aus.

Nummerierung: Die Seiten Ihres Skripts sollten deutlich nummeriert sein, z. B. mit Zahlen in der Größe eines 2-Euro-Stücks in der oberen rechten Ecke. So stellen Sie sicher, dass Sie immer das richtige Blatt in der Hand halten. Sollten Sie Ihre Notizen versehentlich durcheinanderbringen oder fallen lassen, können Sie sie schnell wieder sortieren.

Smileys: Lassen Sie sich von Ihrem Skript daran erinnern, dass Sie mit einem Lächeln und spürbarer Freude einfach mehr erreichen. Malen Sie sich auf jede Seite einen kleinen Smiley, der Sie bei der freien Rede in die richtige Stimmung versetzt!

09

Die 5-A-Formel – Ihr Redegerüst für alle Fälle

Die 5-A-Formel bietet Ihnen ein modulares System, mit dem Sie Ihre Reden schnell konzipieren und vor allem flexibel gestalten können. Die Grundgedanken dieser Methode lassen sich in fünf Begriffen zusammenfassen, die, wie der Name schon andeutet, alle den Anfangsbuchstaben „A" haben:

Aussage: Formulieren Sie einen Standpunkt oder eine klare Meinung. Der erste Eindruck ist entscheidend. Machen Sie Ihren Zuhörern klar, worum es Ihnen geht, verdeutlichen Sie Ihr Anliegen oder Ihre Position zum Thema. Ein Beispiel für eine solche Aussage ist der Satz: „Ich habe großen Respekt vor Menschen, die ein Ehrenamt wahrnehmen."

Argument: Nennen Sie Ihre Argumente und erläutern Sie diese, um Ihre Aussage zu stützen. Sie können Ihre

Beweisführung auch aktiv gliedern, z. B.: „Ich möchte dafür gern drei für mich wesentliche Gründe nennen. Erstens ist das Ehrenamt etwas Freiwilliges, ...". Sinnvoll ist es auch, einige – oder je nach Länge Ihrer Rede auch alle – Argumente mit einem Beispiel zu illustrieren: „Ich selbst übe z. B. seit neun Jahren ein Ehrenamt beim DRK aus."

Ausnahme: Nennen Sie mögliche Argumente, die Ihren eigenen entgegenstehen. Damit wirken Sie als Redner sympathisch, da Sie das Thema nicht einseitig angehen. Wenn Sie ein Gegenargument nennen, müssen Sie es aber sofort widerlegen, damit es nicht im Raum stehen bleibt und Ihre Beweisführung unterwandert. Sie könnten z. B. Folgendes sagen: „Ich kenne einige, die meinen, das Ehrenamt sollte abgeschafft werden, da es einen hohen Verwaltungsaufwand erfordert. Das kann ich zwar spontan nachvollziehen, wenn wir jedoch berücksichtigen, dass...". Je nach Thema können Sie das Element „Ausnahme" auch weglassen.

Argument: Führen Sie Ihr Hauptargument gegen Ende Ihrer Rede an. So erhält es besonderes Gewicht – das Beste kommt bekanntlich immer zum Schluss! Ihre Formulierung könnte z. B. so aussehen: „Das Schönste und Wichtigste am Ehrenamt ist – und deswegen halte ich es für besonders bedeutend – es ist unbezahlbar. Wenn wir einmal hochrechnen, wie viele Millionen Stunden..."

Selbstverständlich können Sie auch zwei statt nur eines Hauptarguments nennen.

Aussage: Wiederholen Sie Ihren Standpunkt bzw. Ihre eingangs formulierte Position – denn der letzte Eindruck bleibt! Mit dieser verbalen Klammer werden Sie garantiert bei Ihren Zuhörern punkten. Sie behalten Ihr Anliegen klar und unmissverständlich in Erinnerung. Ihre Kernaussage können Sie entweder in neue Worte fassen oder bewusst wortwörtlich wiederholen: „... deswegen bin ich ein klarer Verfechter des Ehrenamts", oder: „... und damit sage ich es noch einmal: Ich habe großen Respekt vor Menschen, die ein Ehrenamt ausüben. Danke!"

Im beruflichen wie privaten Alltag bietet Ihnen die 5-A-Formel viele Vorteile:

▶ Sie können Redekonzeptionen minutenschnell erstellen.
▶ Sie können strukturiert vortragen und bieten so maximalen Zuhörerservice.
▶ Sie können fünf- bis 15-minütige Vorträge universell erstellen.
▶ Sie haben auch bei sehr kurzer Vorbereitungszeit einen sicheren Redeaufbau.
▶ Sie haben eine leicht zu merkende Struktur und damit höchste Alltagstauglichkeit.
▶ Sie können die Formel flexibel an Themen und Schwerpunkte anpassen.

Den letzten der genannten Vorteile möchte ich noch etwas vertiefen und Ihnen damit zeigen, dass sich die 5-A-Formel wirklich für nahezu jede Gelegenheit individuell anpassen lässt:

- Sie können die 5-A-Formel schnell zur 4-A-Formel machen, indem Sie den Punkt „Ausnahme" weglassen.
- Sie können die 5-A-Formel auch weiter kürzen. Dann werden im Mittelteil der Formel z. B. nur drei Argumente genannt (das wichtigste zum Schluss), davor und danach jeweils Ihre Aussage. Hier handelt es sich dann um die 3-A-Formel mit der Abfolge: Aussage – Argumente – Aussage.
- Wenn Sie spontan eine Meinung als Stellungnahme vertreten oder sich im Rahmen einer Diskussion kurz äußern möchten, können Sie auch nur ein Argument einbetten. Die 3-A-Formel ist dann in der Minimalversion ein kleiner Wirkungsverstärker für Sie. Andere bringen sich ein mit „Also, ich finde die Idee nicht gut, die gefällt mir nicht. Das können wir nicht machen". Sie wirken mit der 3-A-Formel nachhaltiger: „Ich möchte mich gegen die Idee aussprechen. Das hat diesen für mich entscheidenden Grund. Daher kann ich die Idee nicht befürworten!"
- Sie können die Wirkung der 5-A-Formel erhöhen, wenn Sie Ihre Gliederung auch aktiv formulieren. Sie könnten z. B. mit folgender Aussage arbeiten: „Ich möchte hierfür fünf Argumente nennen. Erstens …"

▶ Sie können die Struktur der 5-A-Formel in Stichpunkten auch als Skript für die freie Rede nutzen.

Sie sehen, auch die 5-A-Formel ist eine weitere Kleinigkeit in der Kommunikation, die Ihnen schnell und einfach helfen wird.

Wiederholen Sie die A-A-A-A-A-Struktur wenige Male und Sie können sich das Gerüst ab sofort leicht merken. Sie werden staunen, wie flexibel Sie diese Redeformel im Alltag einsetzen können.

10
Wichtige Fragearten

Wir haben bereits viel über grundlegende Möglichkeiten der Kommunikation gesprochen. Dabei ging es vor allem um Vorträge bzw. die freie Rede. Jetzt möchte ich Ihnen zusätzlich entscheidende Tipps für Dialogsituationen geben. Sie lernen Details kennen, wie Sie richtig Fragen stellen, derer sich nur wenige Menschen bewusst sind.

In meinen Seminaren kündige ich für diese Einheit gern einen gedanklichen Ausflug in die Schulzeit an. Die Fragearten werden bereits in der fünften und sechsten Klasse behandelt. Danach glauben viele, sich nicht mehr damit beschäftigen zu müssen. Insbesondere in den Führungskräftetrainings ernte ich bei diesem Modul erst einmal skeptische Blicke. Wenn wir das Thema dann besprochen haben, sind auch 200.000 €-Manager sehr dankbar dafür.

Wenn Sie wissen, wie Sie die unterschiedlichen Fragemöglichkeiten einsetzen können, haben Sie in jedem Gespräch einen großen Vorteil. Ich möchte Ihnen deshalb jetzt die sechs wichtigsten Kategorien vorstellen und alltagstaugliche Empfehlungen dazu geben.

Offene Fragen

In der Schule haben Sie die offenen Fragen auch als W-Fragen kennengelernt, weil die meisten von ihnen mit einem W beginnen: was, wie, wann... Sie ermöglichen ausführliche Antworten und sind ideal, wenn Sie großen Informationsbedarf haben. Ihr Gegenüber kann ausführlich erzählen und Sie erhalten einen umfassenden Bericht zum gewünschten Thema. Beispiele für offene Fragen sind: „Was ist genau passiert?" „Wie stellen Sie sich das vor?" „Welche Vorteile hat das Konzept?" „Warum kam es dazu?"

Geschlossene Fragen

Die geschlossenen Fragen werden auch Ja-Nein-Fragen genannt. Ihr Gesprächspartner wird deutlich geführt und antwortet im Normalfall mit einem klaren „Ja" oder „Nein". Das ist insbesondere bei Menschen von Vorteil, die gern übermäßig ausführlich antworten. Geschlossene Fragen sind hervorragend geeignet, wenn Sie Ergebnisse fixieren wollen: „Setzen wir das Projekt nun um?" „Hilfst du mir bei dieser Aufgabe?" „Können Sie dem Finanzplan zustimmen?"

Rhetorische Fragen

Hier erwartet der Fragende keine Reaktion von seinem Gegenüber. Die Antwort ist allen Beteiligten klar und muss nicht ausgesprochen werden. Es handelt sich daher eher um ein „Klammerelement", das den Beteiligten nochmals ein wünschenswertes Ergebnis in Erinnerung ruft. Wenn Sie eine solche Frage einsetzen, geben Sie den Gesprächsteilnehmern eine Richtung vor und erreichen dadurch schneller Ihr Ziel: „Wer von uns will denn nicht zu einem befriedigenden Ergebnis kommen?" Rhetorische Fragen werden im Alltag eher selten eingesetzt, sind aber sehr effektiv.

Suggestivfragen

Bei der Suggestivfrage schwingt die gewünschte Antwort mit. Dadurch wird Druck auf den Gesprächspartner ausgeübt. Ein Satz wie der folgende legt dem Befragten die Antwort unmissverständlich nahe: „Meinen Sie nicht auch, dass wir das Projekt abbrechen sollten?" Durch das Wörtchen „oder" lässt sich der Effekt sogar noch verstärken: „Sie denken doch sicher auch, dass wir das Projekt abbrechen sollten, oder?" Am meisten Zwang übt eine Suggestivfrage aus, wenn sie mit dem Zusatz „oder etwa nicht?" endet: „Sie denken doch sicher auch, dass wir das Projekt abbrechen sollten, oder etwa nicht?"

Viele Chefs arbeiten gern mit Suggestivfragen. Ich kenne allerdings niemanden, der sich freut, wenn er derart gedrängt wird. Deshalb empfehle ich Ihnen, auf diese Frageform ganz zu verzichten. Sie vergiften damit nur die Gesprächsatmosphäre im emotionalen Bereich.

Balkonfragen

Vor der eigentlichen Frage steht ein kurzer Aussagesatz – er dient als kleiner Informationsbalkon. Dabei kann es sich um eine einfache Tatsache oder auch ein Kompliment handeln: „Ihnen liegt jetzt auch die Kalkulation vor. Wie stehen Sie zu meiner Idee?", oder: „Du bist doch fit in Outlook. Wie lege ich denn im Posteingang einen neuen Ordner an?" Sie stellen also nicht einfach nur Ihre Frage, sondern nutzen den Balkon für einen konkreten oder besonders angenehmen Bezug, mit dem Sie schnell und gezielt Nähe schaffen. Übrigens: Eine Balkonfrage kann sowohl eine offene als auch eine geschlossene Frage sein.

Diese Kategorie kann ich Ihnen sehr empfehlen.

Alternativfragen

Dies ist der absolute Geheimtipp unter den Fragemöglichkeiten. Die Alternativfrage ersetzt die bedenkliche Kategorie der Suggestivfragen und motiviert Ihr Gegenüber auf ganz besondere Art und Weise: Fragen Sie gezielt, indem Sie eine attraktive Auswahl bieten.

Es handelt sich bei dieser Form um eine Schwester der geschlossenen Frage. Auf geschlossene Fragen können wir mit einem „Ja" oder einem „Nein" antworten. Auch wenn das auf den ersten Blick als Auswahl erscheint – wir empfinden dies nicht als Entscheidung zwischen zwei Möglichkeiten, sondern vielmehr als Aufforderung nach dem Motto „Friss oder stirb!". Oft sagen Menschen im Nachhinein, sie hätten keine Wahl gehabt. Eine Alternativfrage wirkt hingegen ganz anders. Wenn wir uns zwischen einem „Entweder" und einem „Oder" entscheiden können, gefällt uns das einfach besser. Warum? Wir können uns selbstbestimmt den größeren Vorteil oder den kleineren Nachteil aussuchen.

Darüber hinaus aber haben Alternativfragen einen klaren Vorteil für den Fragenden – und sind deshalb ein sehr mächtiges Gesprächsinstrument. Folgende kleine Rechnung erläutert Ihnen diese Tatsache: Bei einer geschlossenen Ja-Nein-Frage liegt die Wahrscheinlichkeit einer ablehnenden Antwort rein mathematisch bei 50 Prozent. Eine Alternativfrage hingegen hat eine Nein-Wahrscheinlichkeit von 0 Prozent! Denn eine ablehnende Antwort wird ja gar nicht zur Auswahl gestellt. Erst, wenn das Gegenüber die Fragenkategorie erkennt – und das ist selten der Fall – zeigt sich das Nein als dritte Antwortmöglichkeit. Doch selbst in diesem Fall liegt die rechnerische Nein-Wahrscheinlichkeit bei nur 33,3 Prozent. Erkennen Sie die Macht dieser Frageform? Die Chance einer ablehnenden Antwort sinkt gegenüber der geschlossenen Ja-

Nein-Frage von 50 Prozent auf mindestens 33 Prozent, in der Regel aber sogar auf 0 Prozent.

Ich möchte Ihnen die Wirkung der Alternativfrage abschließend mit einem Beispiel erläutern. Es ist leicht, auf die folgende geschlossene Frage mit einem Nein zu antworten: „Können Sie mir kommende Woche bei diesem Projekt helfen?" Das Gegenüber hat vielleicht kaum Zeit, keine Lust oder andere Gründe für eine Absage. Fragen Sie aber stattdessen „Wann können Sie mir bei diesem Projekt helfen: am Mittwoch oder am Donnerstag nächster Woche?", spielen Sie die Macht der Alternativfrage aus. Ihr Gesprächspartner denkt sofort nach und will sich die beste Möglichkeit heraussuchen. Mit seiner Entscheidung ist er genauso glücklich wie sie: „Am Mittwoch passt es mir nicht so, da ich einen anderen Termin habe. Aber am Donnerstag könnte ich Ihnen helfen."

Probieren Sie die Alternativfrage unbedingt einmal aus und machen Sie sie zu einem Standard, wenn Sie ein Nein Ihres Gegenübers vermeiden und einfach mehr erreichen möchten!

11

Vorbildlich präsentieren

Gerade im geschäftlichen Alltag sind Präsentationen eine Selbstverständlichkeit. Dieses Kapitel
gibt Ihnen alles Wissen an die Hand, das Sie
benötigen, um Ihre Ideen, Konzepte und Projekte besser
darstellen zu können. Damit sind Ihnen viele beeindruckende Redemomente sicher.

Die wichtigsten Tipps im Überblick:

Vermeiden Sie generell Animationen

PowerPoint® oder vergleichbare Präsentationsprogram-
me bieten Ihnen Hunderte Sonderfunktionen, wie z. B.
aufwendige Animationen, Soundeffekte oder kunstvolle
Überblendungen. Profis verzichten auf diesen Schnick-
schnack und arbeiten mit einfachen Folien ohne übertrie-
benes Effektgewitter. Lassen Sie die kreisenden Textwir-
bel weg!

Strukturieren Sie so stark wie möglich

Eine vorbildliche Präsentation ist klar, einfach und nachvollziehbar strukturiert. Was werden Sie vortragen? Wie lange werden Sie sprechen? Was ist die zentrale Botschaft? Struktur ist ein Service, den Ihre Zuhörer dankbar annehmen. Bereiten Sie z. B. eine Einleitungsfolie vor, auf der Sie Themen und Gliederung der Präsentation, Ihre Ziele, sowie die Dauer des Vortrags und mögliche Pausen darstellen.

Zeigen Sie nur wenig Text

Ihre Folien sollten Ihre Aussagen stützen und nicht alles wiederholen, was Sie zu sagen haben. Beherzigen Sie deshalb folgende Grundregeln für den Text:

- ► Große Schrift in Farben, die deutliche Kontraste ermöglichen
- ► Stichpunkte statt ausformulierte Sätze
- ► Kurze Botschaften
- ► Kein Blocksatz
- ► Maximal acht Zeilen pro Folie

Verwenden Sie nicht zu viele Bilder

Setzen Sie bei Ihrer Präsentation gern auch auf (vollflächige) Bilder, gehen Sie jedoch vorsichtig damit um. Bilder sind unheimlich wirkungsstark und lenken schnell von wichtigen Textbotschaften ab. Und: Beachten Sie unbedingt die Nutzungsrechte!

Präsentieren Sie die Inhalte schrittweise

Sorgen Sie dafür, dass Ihre Folien schrittweise aufeinander aufbauen. Zeigen Sie mit einem Klick bereits zu viel, neigen Ihre Zuhörer dazu, auch die Punkte zu lesen, um die es noch gar nicht geht. Damit sinkt die Aufmerksamkeit und die Konzentration auf Ihre Erläuterungen. Stattdessen bietet es sich an, mit jedem Klick nur die Information zu liefern, über die Sie gerade sprechen.

Reduzieren Sie Diagramme und Tabellen

Statistiken oder Entwicklungsdiagramme sind immer wieder von besonderer Bedeutung und gehören dann natürlich auch in Ihre Präsentation. Aber: Auch hier gilt die Regel „Weniger ist mehr". Setzen Sie solche Mittel in Maßen ein oder vereinfachen Sie die Darstellung der Inhalte so weit wie möglich.

Vorsicht bei Multimediaelementen

Es wird immer beliebter, Videos oder Audiostreams in Präsentationen einzubinden. Gerade bei Multimediainhalten, die Sie aus dem Internet einbinden, sollten Sie darauf achten, dass bei Ihrer Präsentation alles so läuft, wie Sie es sich gedacht haben.

Nutzen Sie einen Presenter

Wenn Sie eine Computermaus bedienen oder jedes Mal zum Notebook gehen müssen, um die nächste Folie zu zeigen, wirkt das unbeholfen. Eleganter ist es, mit einem schnurlosen Presenter zu arbeiten. Damit wirken Sie souveräner.

Bieten Sie immer auch ein Handout

Setzen Sie auf einen Standard, den Ihre Zuhörer gewöhnt sind. Verteilen Sie NACH Ihrer Präsentation die wichtigsten Folien als Handout oder versenden Sie sie per E-Mail. Wenn Sie die Unterlagen parallel zu Ihrer Präsentation oder vorab ausgeben, besteht das Risiko, dass Ihre Zuhörer sie komplett durchlesen und Ihnen nicht mehr die volle Aufmerksamkeit schenken.

Setzen Sie auch auf klassische Medien

Gerade im Zeitalter der computergestützten Präsentationen mit Videoeinbindung und Onlinelinks sollten Sie ergänzend auf alternative und klassische Medien setzen, also Flipchart, Moderationskarten, Pinnwand, Kopien, gegebenenfalls auch Overheadprojektor. Die Mischung macht's!

Testen Sie Ihre Präsentation intensiv

Insbesondere dann, wenn Technik im Spiel ist, steigt die Gefahr von Pannen und Problemen. Testen Sie Ihre Präsentationen vorab und überprüfen Sie typische Fehlerquellen: Beamerkompatibilität, Akkuladestand, Animationselemente etc.

Seien Sie auf Notfälle vorbereitet

Eine defekte Beamerlampe oder ein fehlender Moderationskoffer - es kann immer zu unerwarteten Problemen kommen. Legen Sie sich deshalb immer einen Plan B zurecht, damit Sie in einem solchen Notfall auf der sicheren Seite sind! Bringen Sie z. B. Ihre Präsentation auch immer komplett in Papierform mit.

Weiterführende Tipps rund ums Präsentieren

Damit Sie in diesem Kapitel nicht nur einen Überblick über das Präsentieren mit Laptop und Beamer bekommen, klären wir nun noch weitere Grundlagen - auch mit Blick auf andere Medien wie z. B. klassische Flipcharts.

Auch kleine Themen brauchen viel Zeit

Berücksichtigen Sie, dass Sie für jede Folie - gerade auch, wenn sie nur wenige Informationen enthält - eine angemessene Zeit zur Besprechung benötigen. Die Faustregel lautet: Eine Folie sollte mindestens 1 Minute lang zu sehen sein, bei wichtigen Inhalten durchaus auch 10 bis 15 Minuten.

Reden Sie maximal eine Stunde am Stück

Ihre Präsentation sollte eine Länge von 60 Minuten nicht überschreiten und wenn möglich sogar kürzer sein. Denn eine richtig gute halbe Stunde kommt immer besser an als lange 50 Minuten. Deckeln Sie den Umfang z. B. auf maximal zehn Folien. Stoppen Sie bei Ihren Testläufen auch immer die Zeit. In der Regel dauert Ihre Live-Präsentation länger als bei den Proben.

Achten Sie am Flipchart auf gut lesbare Schrift

Wenn Sie mit dem Medium Flipchart arbeiten, sollten Sie einige besondere Regeln beachten: Schreiben Sie groß und deutlich mit kleinen Serifen, verwenden Sie unterschiedliche Farben und fragen Sie Ihre Zuhörer in der hintersten Reihe, ob auch sie genug sehen können. Benutzen Sie kräftige und dicke Stifte. Schreiben Sie SCHÖN!

Gestalten Sie auch Pinnwände immer wertig

Auch wenn Sie eine Pinnwand nutzen, sollten Sie reduziert arbeiten und nicht zu viele Moderationskarten verwenden. Achten Sie außerdem auf gerade Linien, eine optisch ansprechende Gestaltung und große Schrift. Und: Trainieren Sie das Pinnen. Bei vielen Vortragenden sieht die Präsentationsfläche aus wie Kraut und Rüben. Vermeiden Sie diesen Fehler. Die Karten müssen fest sitzen. Das hört sich sehr banal an, ist aber eine wichtige Kleinigkeit, die den Unterschied macht.

Sprechen Sie frei und nur mit Stichpunkten

Für welches Präsentationsmedium Sie sich auch entscheiden – als Profi sollten Sie immer frei sprechen. Orientieren Sie sich nur an Stichpunkten und nutzen Sie z. B. kleine DIN-A5-Moderationskarten, um die wichtigsten Inhalte jederzeit griffbereit zu haben.

Weniger ist auch beim Präsentieren mehr

Unabhängig von Ihrer Präsentationsmethode sollten Sie immer die Devise „Weniger ist mehr" beherzigen. Reduzieren Sie Inhalte, kürzen Sie Botschaften, lassen Sie unnötige Folien, Karten oder Blätter weg! Die meisten Redner muten ihrem Publikum zu viel zu. Machen Sie es besser!

Bieten Sie Höhepunkte

Die Gründe dafür, dass Ihre Präsentation in Erinnerung bleibt, sind meist nicht die Inhalte oder gelungene Beispiele. Es sind unerwartete Highlights, bei denen Ihr

Publikum einen Aha-Effekt erlebt oder auch einmal lachen kann. Planen Sie Überraschungen, bereiten Sie das Besondere vor. So heben Sie sich von der Masse Ihrer Kolleginnen und Kollegen ab.

Souveränität erfordert viel Training

Profis, die sehr souverän, locker und überzeugend präsentieren, haben einen langen Weg hinter sich gebracht. Wer wirklich sicher auftreten, überzeugend und schlagfertig sein und flexibel auf Pannen reagieren will, braucht Routine und damit ein intensives Training. Nur Übung macht Sie besser!

Einfach gut präsentieren

Wir fassen zusammen: Wirklich gute Präsentationen zu halten, ist einfacher, als die meisten Menschen glauben. Ein überzeugender Vortrag ist das Ergebnis von reduzierten Inhalten, einfachen Strukturen, guten Ideen, einer optisch ansprechenden Gestaltung und intensivem Training. Setzen Sie auf das Motto „Weniger ist mehr"!

12

Die innere Einstellung

Nachdem Sie bisher die Feinheiten der Kommunikation kennengelernt haben, geht es nun darum, wie Sie Ihr neues Wissen effektiv umsetzen. Ich möchte Ihnen in diesem Kapitel die zwei wesentlichen Möglichkeiten vorstellen, die jeder Mensch für seine individuelle Weiterentwicklung hat. Entscheiden Sie selbst: Wollen Sie kurzfristiges Glück oder langfristigen Erfolg? Es ist ganz einfach!

Kurzfristige Bequemlichkeit ...

Die meisten Menschen leben nach dem folgenden Schema:

Sie stellen das kurzfristige Glücksgefühl (erster Smiley) vor den dauerhaften Erfolg. Da sie in erster Linie einen bequemen und möglichst angstfreien Alltag (erster Smiley) haben wollen, entwickeln sie sich kaum weiter und bleiben mittel- und langfristig zurück (zweiter Smiley). Auf das Thema dieses Buches bezogen, bedeutet das z. B., dass sie keine Trainingsmöglichkeiten für einen Vortrag wahrnehmen. Damit bleibt der Wunschzustand, eine gute und sichere Rede zu halten, in weiter Ferne (zweiter Smiley).

... oder langfristiger Erfolg?

Erfolgreiche Menschen hingegen leben nach diesem Schema:

Sie sind bereit, sich Herausforderungen zu stellen und damit auch notwendige und manchmal anstrengende Trainingsmöglichkeiten zu nutzen (erster Smiley). Sie tun Dinge, die aus Sicht anderer Personen unbequem sind (erster Smiley). Dazu gehört, dass sie sich freiwillig melden, z. B. um eine Präsentation zu halten. Langfristig aber sammeln diese Menschen Erfahrungen, lernen aus Fehlern und bekommen immer mehr Routine. Auf diese Weise entwickeln sie sich dauerhaft weiter und werden besser (zweiter Smiley). Dank der Bereitschaft, Herausforderungen anzunehmen, wartet auf diese Menschen viel Sicherheit, Souveränität und verdienter Erfolg (zweiter Smiley).

13

Neue
Gewohnheiten

Wir haben bereits über unser Wertesystem gesprochen. Unsere Werte prägen uns und sind auch mit dafür verantwortlich, welche Gewohnheiten wir haben. Das ist ein weiterer und wichtiger Bereich für Ihre sprachliche Entwicklung.

Der Mensch ist ein Gewohnheitstier. Wir machen gern das, was wir immer machen. Das ist bequem. Sie kennen das bestimmt auch aus Ihrem Alltag. Aussagen wie „Das mache ich immer so" sind ein wunderbarer Beweis dafür. Die Tätigkeiten, die wir schon oft ausgeübt haben, scheinen uns vertraut. Diejenigen, die wir selten oder gar nicht ausüben, sind uns erst einmal unsympathisch.

Genau hierin liegt eine große Gefahr, aber auch eine riesige Chance für Ihre Weiterentwicklung. Die meisten Menschen pflegen – oft zufällig und unbewusst angeeignete – Gewohnheiten, die sie selten oder gar nicht hinterfragen. Das Problem dabei ist: Handelt es sich dann um kontraproduktive Handlungsmuster, die Fortschritte blockieren, kommen sie nie wirklich weiter. Ihre Gewohnheit sagt ihnen: „Nein, mach das nicht. Das schaffst du nie. Das ist anstrengend. Lass das lieber, das macht dir Angst." Mein Lieblingsbeispiel hierfür ist das freiwillige Engagement. Überlegen Sie einmal: Melden Sie sich gern freiwillig, wenn jemand gesucht wird, der etwas präsentiert? Nein? Warum? Ich tippe auf Ihre Gewohnheiten.

Die Chance für Sie besteht darin, dass Sie Ihre Gewohnheiten erst einmal erkennen, diese dann überprüfen und sie gegebenenfalls gegen produktivere austauschen. So einfach, wie es sich anhört, ist es tatsächlich. Profis wenden diese Methode permanent an. Auch Sie können so die Blockaden Ihrer Entwicklung erkennen und Ihre Ziele schneller erreichen. Ich möchte Ihnen die genannten Schritte im Folgenden vorstellen.

Gewohnheiten erkennen

Fragen Sie sich bei dem, was Sie tun, immer wieder, ob es sich um eine Gewohnheit handelt. Gewohnheiten erkennen Sie daran, dass Sie sehr schnell, beinahe blind und ohne nachzudenken, entscheiden: Freiwillig präsentieren? Unbequem! Ich nicht!

Wir benötigen etwa sechs Wochen und ein paar Wiederholungen, um solche festen Handlungsmuster auszubilden. Folgendes Beispiel zeigt, wie das vor sich geht: Stellen Sie sich vor, Sie halten erstmalig einen Vortrag und merken, dass das ziemlich aufregend und schwierig war. Bei einer erneuten Anfrage versuchen Sie, um die Aufgabe herumzukommen. Ein weiteres Mal finden Sie eine noch bessere Ausrede. Schon haben Sie sich eine Gewohnheit angeeignet. Sie handeln in entsprechenden Situationen immer wieder nach dem Muster: „Werde ich für eine Präsentation angefragt, lasse ich mir eine Ausrede einfallen und freue mich darüber, wenn ich um die Aufgabe herumkomme."

Gewohnheiten überprüfen

Sobald Sie eine Gewohnheit erkannt haben, sollten Sie sie genauer unter die Lupe nehmen: Prüfen Sie, ob Ihr Verhalten Ihre Angst eher verstärkt oder ob Sie dadurch besser und stärker werden. Die meisten menschlichen Gewohnheiten gehören zur ersten Kategorie. Sie machen das Leben bequem und einfach. Es handelt sich in der Regel um „normale" und „typische" Handlungsmuster, die andere Personen auch zeigen.

Gewohnheiten austauschen

Wenn Sie erkannt haben, dass Ihr gewohntes Verhalten Sie schwächt, sollten Sie das Problem gezielt angehen: Tauschen Sie das lähmende Handlungsmuster bewusst gegen eines aus, das Sie stärker macht. Tauschen Sie ein „Das mache ich lieber nicht" gegen ein „Jedes Mal, wenn ich das mache, werde ich routinierter". Je mutiger und visionärer die Veränderung ist, desto schneller werden Sie sich weiterentwickeln. Lassen Sie die Masse der anderen Menschen hinter sich und machen Sie sich diejenigen Verhaltensweisen zur Gewohnheit, die Sie weiterbringen.

Sie glauben nicht, dass das funktioniert? Dann denken Sie z. B. einmal an Ihre Fahrschulausbildung zurück: Bei Ihrer ersten Fahrstunde hätten Sie sich bestimmt nicht vorstellen können, einmal gern und gelassen Auto zu fahren. Nachdem Sie es aber - zunächst mit dem Lehrer und später allein - immer wieder trainiert haben, ist es eine Selbstverständlichkeit in Ihrem Leben geworden.

Der Mensch ist ein Gewohnheitstier. Das ist prima, wenn es Gewohnheiten sind, die für Sie arbeiten. Sie entscheiden, nach welchen Regeln Sie leben. Erkennen Sie Ihre Gewohnheiten, überprüfen Sie diese auf ihre Vorteile und tauschen Sie gegebenenfalls schlechte gegen gute. Ganz einfach! Ich verspreche Ihnen, dass auch Sie viele Routinen bei sich finden werden, die Sie blockieren: Erkennen Sie sie und tauschen Sie sie aus!

14

Training im Alltag – nutzen Sie Leerlaufzeiten

Sie kennen jetzt die Grundlagen der Rhetorik, von denen nur wenige Menschen wissen. Sie haben Tipps und Tricks erfahren, auf die die meisten nicht zurückgreifen können. Sie haben damit den Grundstein für eine bessere Kommunikation gelegt.

Ich möchte Ihnen jetzt eine Botschaft mitgeben, die mir auch in meinen Seminaren immer sehr wichtig ist: Kein Buch und kein Training allein wird Sie nachhaltig besser machen. Ihr Erfolg hängt immer davon ab, was Sie aus dem Gelernten machen. Verstehen Sie mich bitte richtig: Neues Wissen, Hintergründe und Impulse sind eine unerlässliche Voraussetzung für Ihre Weiterentwicklung. Aber wirkliche Fortschritte werden Sie nur durch das Training im Alltag machen.

Wer jeden Tag nur eine Viertelstunde dafür nutzt, Neues auszuprobieren und seine Sensibilität zu schulen, wird seine Ziele erreichen. Stellen Sie sich das einmal vor: 15 Minuten Minitraining an 365 Tagen im Jahr. Das sind 5475 Minuten, über 91 Stunden Coaching oder über 13 Seminartage Rhetoriktraining. Können Sie sich vorstellen, wie Sie eine solche Investition besser macht?

Jeder Tag bietet immer wieder Leerlaufzeiten – selbst wenn Sie wirklich viel um die Ohren haben und von früh bis spät arbeiten. Entscheidend ist nur, die ungenutzten Minuten zu erkennen: bei der Morgentoilette, auf dem Weg zur Arbeit, bei abendlichen Spaziergängen oder beim Einkaufen. Sie können wirklich immer und überall winzige Zeitfenster nutzen, um Ihre Kommunikationsfähigkeit zu trainieren.

Sorgen Sie dafür, dass Sie dauerhaft mit Spaß und Begeisterung an sich arbeiten. Nutzen Sie jeden Tag, um sich ein wenig weiterzuentwickeln. Stellen Sie sich z. B. immer wieder die folgenden Fragen:

► Was kann ich heute noch tun, um in Zukunft besser reden zu können?
► Bei welchen Maßnahmen lohnt es sich, sie sofort auszuprobieren?
► Welcher Herausforderung kann ich mich spontan stellen?
► Welche Fehler bemerke ich bei anderen?

- ► Was kann ich noch heute von einem Vorbild übernehmen?
- ► Welche Füllworte will ich vermeiden und wegtrainieren?
- ► Welche Argumentation kann ich vorab mehrmals durchspielen?

Bleiben Sie dran, investieren Sie jeden Tag nur wenige Minuten in Ihr Training! Damit haben Sie den meisten anderen Menschen etwas voraus und werden sehr schnell an Ihr Ziel kommen – das kann ich Ihnen versprechen.

15

Bonustipps

In diesem Kapitel möchte ich Ihnen nun weitere entscheidende Kleinigkeiten vorstellen, die Sie in der
Summe schnell besser machen werden. Die Tipps
und Tricks wurden mit Hunderten von Seminarteilneh-
mern entwickelt. Es sind also Ratschläge, die auch von
zahlreichen anderen Menschen Tag für Tag zur Verbesse-
rung ihrer Kommunikationsfähigkeit umgesetzt werden.

Die nachfolgenden Hinweise bringen das Wesentliche
kurz und knapp auf den Punkt. Sie sollen das bereits
Besprochene ergänzen und abrunden und Sie damit anlei-
ten, Ihre Kommunikation im Alltag zu verbessern. Einige
Aspekte überschneiden sich mit den schon beschriebenen Grundlagen. Ich habe mich bewusst für diese Doppe-
lungen entschieden, damit Sie einen möglichst breiten
Überblick bekommen. Ich empfehle Ihnen, Ihre Lieb-
lingstipps zu markieren. So erkennen Sie jederzeit und
schnell Ihre individuellen Trainings- und Verbesserungs-
potenziale.

Das Wie ist wichtiger als das Was

Die Art und Weise, wie jemand spricht, hat wesentlich mehr Auswirkungen auf den Gesprächserfolg als der Inhalt. Aspekte dieser emotionalen Ebene sind z. B. kreative Einstiege, seltene Beispiele oder unterhaltende Momente.

Der erste Eindruck ist entscheidend

Ihre ersten Sätze legen einen Vorfilter für die weitere Kommunikation fest. Mit einem beeindruckenden Start sind Sie deshalb schon fast auf der sicheren Seite.

Der letzte Eindruck bleibt

Mit Ihren letzten Worten bleiben Sie in Erinnerung und beeinflussen nachhaltig Ihren Gesamteindruck. Zeigen Sie sich daher positiv oder geben Sie eine Zusammenfassung. Auch Pointen sind ein wunderbarer Abschluss.

Ihre Gedanken steuern Ihre Sprache

Das, was Sie denken, fühlen Sie. Das, was Sie fühlen, strahlen Sie aus und es bestimmt automatisch Ihre Wortwahl. Wer konstruktiv denkt, hat mehr Erfolgspotenzial.

Der Zuhörer will faul sein

Bieten Sie maximalen sprachlichen Service, wenn Sie sprechen, z. B. durch Gliederungen, Übersichten, Zeitangaben, Zusammenfassungen. Wer es beim Zuhören einfach hat, vergibt Bestnoten.

Der Mensch liebt die Auswahl

Ermöglichen Sie Ihren Zuhörern so oft wie möglich eine Auswahl durch die Wörter „entweder" und „oder". Wer sich etwas aussuchen kann, wählt das kleinere Übel oder den größeren Vorteil und ist dafür sehr dankbar.

Vermeiden Sie verneinte Aussagen

Unser Gehirn kann verneinte Aussagen nicht verarbeiten. Beim Satz „Haben Sie keine Angst" denken wir automatisch an Angst. Besser ist z. B. die Formulierung „Ich will Ihnen Mut machen".

Positives Kino im Kopf

Menschen denken automatisch in Bildern. Beim Wort „Haus" sehen wir sofort ein Haus. Nutzen Sie diesen Mechanismus für sich! Formulieren Sie schöne Bilder!

Freude erleben und Schmerz vermeiden

Sorgen Sie dafür, dass andere Spaß an Ihren Aussagen haben! Der Mensch strebt danach, Freude zu erleben und Schmerz zu vermeiden. Wenn Sie Ihren Zuhörern dabei helfen, werden sie es Ihnen danken.

Stärken stärken vor Schwächen schwächen

Bauen Sie Ihre Talente und Stärken aus, statt sich mit Ihren Schwächen zu beschäftigen. Sie punkten stets durch Stärken, nicht durch wenige Schwächen.

Halten Sie unbedingt die Zeit ein

Sie können mit Ihrem Vortrag gern 30 Minuten früher als geplant fertig sein. Wenn Sie hingegen 15 Minuten überziehen, fällt das bereits sehr negativ auf. Halten Sie Zeitvorgaben ein und beeindrucken Sie mit Ihrer Disziplin.

Auf den Punkt sprechen

Planen Sie Ihren letzten Satz schon im Vorfeld und enden Sie mit abgesenkter Stimme. So wirken Sie sehr souverän und vermeiden peinliche Nachschübe wie z. B. „So viel zu meiner Person".

Beispiele fördern den Transfer

Arbeiten Sie oft mit Beispielen und Vergleichen. Damit machen Sie es Ihren Zuhörern leichter, Ihnen zu folgen.

Wer jammert, ist unattraktiv

Verzichten Sie auf das, was viele Menschen so unattraktiv macht: Treten Sie positiv auf. Wer überwiegend negativ spricht, versetzt auch andere in schlechte Stimmung und erfährt Ablehnung. Hören Sie auf zu jammern. Damit fallen Sie angenehm auf.

Reden Sie nicht übers Reden

Einleitende Worte wie „Ich sag mal so …" oder „Ich glaube, dass …" sind schwache Sprachelemente, auf die Sie verzichten sollten. Damit „reden Sie über das Reden". Lassen Sie sie einfach weg und wirken Sie damit stärker!

Ruhe rund um den Start und das Ende

Wenn Sie Ihre Rede beginnen oder schließen, sollten Sie besonders ruhig sein. Wer z. B. hektisch beginnt oder seine ersten Worte bereits spricht, während er noch geht, wirkt unprofessionell.

Wer fragt, führt

Durch aktives und bewusstes Nachfragen befinden Sie sich kommunikativ in einer Führungsrolle. Wer fragt, signalisiert Interesse, zeigt Wertschätzung und sammelt mehr Informationen.

Vergleichbares Gesprächsniveau

Orientieren Sie sich mit Ihren Inhalten und Ihrer Wortwahl an Ihrem Publikum. Je mehr Sie sich dem Gesprächsniveau Ihrer Zuhörer annähern, umso stärker ist deren Sympathie für Sie.

Gut reden beginnt mit gut zuhören

Ein guter Redner ist in erster Linie ein guter Zuhörer. Nehmen Sie sich Zeit für das, was viele Menschen vergessen, und hinterlassen Sie so ganz einfach einen positiven Eindruck.

Der positive Vorfilter

Der Einstieg entscheidet darüber, wie Ihr Publikum Ihre Rede aufnimmt. Nutzen Sie einleitende Worte geschickt, um diesen kommunikativen Vorfilter zu Ihren Gunsten zu setzen und Ihre Zuhörer positiv einzustimmen.

Immer stimmt nie

Verzichten Sie auf Verallgemeinerungen in Ihren Aussagen und machen Sie sich dadurch weniger angreifbar. Behauptungen mit den Worten „immer", „jeder" oder „nie" lassen sich in der Regel leicht widerlegen.

Die Summe von Kleinigkeiten

Machen Sie sich bewusst, dass erfolgreiche Kommunikation „nur" die Summe von Kleinigkeiten ist. Arbeiten Sie an Details und kombinieren Sie diese. Dabei haben Sie selbst auch mehr Spaß bei Ihrem Vortrag.

Kein Blick, kein Glück

Blicke sind sehr starke Elemente der nonverbalen Kommunikation und eine wichtige Voraussetzung für Ihren Erfolg. Mit einem offenen Blickkontakt zeigen Sie Interesse und Wertschätzung und aktivieren Ihre Zuhörer.

Weniger ist mehr

Reduzieren Sie Inhalte, straffen Sie Ihr Konzept, haben Sie Mut zur Lücke. Bieten Sie weniger Inhalte, die dafür besser aufbereitet sind, und heben Sie sich so gezielt von anderen Referenten ab.

Sprechen Sie von Visionen

Wer Visionen hat und sie anderen mitteilt, wirkt sehr kommunikationsstark. Sprechen Sie von großen Zielen und Ihren langfristigen Projekten. Damit begeistern Sie andere für sich.

Sie können andere nicht motivieren

Niemand ist in der Lage, einen anderen Menschen zu motivieren. Sie können anderen nur helfen, sich selbst zu motivieren. Das Wort „Motivation" ist mit dem „Motiv" verwandt. Bieten Sie Motive, also gute Gründe zum Handeln.

Reden Sie so wie immer

Verwenden Sie auch in wichtigen Momenten diejenige Sprache, die Ihnen im Alltag geläufig ist. Dann sind Sie besonders stark, da Sie sicher und authentisch wirken.

Versuchen Sie nichts mehr

Ein erklärter Versuch ist eine „vorab entschuldigte Handlungspleite" und damit verschenken Sie kommunikative Punkte. Wer sagt, dass er etwas versucht, wirkt eher skeptisch. Sagen Sie lieber, dass Sie etwas tun werden. Das klingt viel besser!

Sie können nicht nicht kommunizieren

Sie senden rund um die Uhr kommunikative Botschaften, auch wenn Sie nichts sagen. Wer z. B. auf die Frage „Schatz, liebst du mich noch?" zunächst schweigt, gibt eine deutliche Antwort.

Bewusster heißt besser kommunizieren

Sie werden allein schon dadurch ein besserer Redner, dass Sie von der meist unbewussten auf die bewusste Kommunikation umstellen. Wer weiß, was er sagt, wirkt automatisch souveräner.

Geben Sie sich mehr Zeit

Um eine Gewohnheit nachhaltig zu verändern bzw. zu etablieren, benötigen Sie etwa vier bis sechs Wochen. Geben Sie sich diese Zeit, wenn Sie an Ihren kommunikativen Fähigkeiten im Detail etwas verbessern wollen.

Der Empfänger bestimmt die Botschaft

Den Wert einer Aussage bestimmen nicht Sie selbst, sondern Ihr Gegenüber. Formulieren Sie klar und kompakt, um das Risiko von Missverständnissen zu verringern.

Wünsche statt Forderungen

Viele glauben, dass sie mit klaren Forderungen mehr erreichen als mit der Äußerung von Wünschen. Wir Menschen gehen aber lieber auf Wünsche ein. Forderungen kommen wir nur widerwillig nach.

Menschen sind Schubladendenker

Nutzen Sie das Schubladendenken Ihres Gegenübers. Wenn Sie Ihre Aussagen vorab gliedern und ankündigen, was Sie sagen werden, vereinfachen Sie das Zuhören. Dadurch wirken Sie als Redner professioneller.

Lächeln Sie öfter mal

Ein freundlicher Blick oder ein wiederkehrendes Lächeln ist das Beste, was Sie anderen schenken können. Mit positiver Ausstrahlung sammeln Sie viele Sympathiepunkte.

Sagen Sie nicht, dass Sie müssen

Verzichten Sie auf das Verb „müssen". Es ist negativ besetzt und signalisiert anderen, dass sie fremdbestimmt und unter Druck handeln. Sagen Sie nicht: „Ich muss einen Vortrag halten", sondern: „Ich werde einen Vortrag halten."

Bieten Sie maximale Struktur

Sagen Sie vor Beginn einer Rede, auf welche Inhalte Sie eingehen werden. Skizzieren Sie, wie lange Sie beabsichtigen zu sprechen. Wenn Ihre Zuhörer wissen, was passieren wird, geben sie Ihnen Bestnoten.

Formulieren Sie keine Man-Botschaften

„Man müsste dringend die Initiative ergreifen" – diese Aussage ist sehr unkonkret und zieht sicher keine sofortige Handlung nach sich. Ersetzen Sie „man" durch „ich" oder „wir" und schaffen Sie so Verbindlichkeiten.

Streichen Sie „eigentlich" aus Ihrem Wortschatz

Wörter wie „eigentlich" oder „relativ" lassen Ihre Aussagen sehr unverbindlich wirken. Sie können beinahe jeden Satz auch ohne diese Füllsel formulieren und damit wesentlich mehr Selbstbewusstsein ausstrahlen.

Erst stehen, dann reden

Bevor Sie die ersten Worte Ihres Vortrags sprechen, nehmen Sie in Ruhe Ihre Rednerposition ein. Wer spricht, während er die Bühne betritt oder verlässt, signalisiert den anderen, dass er sich nicht so wichtig nimmt.

Ohne Wie ist kein Was möglich

Wenn das Wie Ihres Vortrags – die emotionale Ebene – nicht stimmt, kann das Was – die sachliche Ebene – keine Wirkung entfalten. Erst wenn Ihre Zuhörer Sie sympathisch finden oder respektieren, interessieren sie sich für Ihre Inhalte. Sorgen Sie dafür, dass die Art und Weise, wie Sie reden, andere Menschen anspricht.

Beginnen Sie nicht mit „Also"

Beginnen Sie Ihre Rede mit einem Satz wie „Guten Morgen, liebe Kollegen" und lassen Sie unsichere Einleitungen wie „Also" oder „Hmm, ja" weg.

Schließen Sie nie mit „Das war's"

Formulierungen wie „Das war's" oder „So viel zu meiner Person" sind für den Schluss Ihrer Rede völlig ungeeignet. Zeigen Sie sich gerade am Ende selbstbewusst, z. B. mit Visionen, Zusammenfassungen oder einer Pointe.

Bieten Sie Pausen zum Nachdenken

Als Zuhörer brauchen wir wiederkehrende Pausen, um das Gesagte zu verarbeiten. Berücksichtigen Sie diese Tatsache. Sonst kann Ihr Publikum Ihren Inhalten nicht folgen.

Sehen Sie sich positiver

Fokussieren Sie nicht die Probleme, die Sie noch haben. Richten Sie Ihren Blick auf Ihre Fähigkeiten und Erfolge. Wer sich weiterentwickeln will, braucht Stärke. Dieses Selbstbewusstsein erreichen Sie schneller, wenn Sie sich auf das Positive konzentrieren.

Bereiten Sie stets Ihren Schlusssatz vor

Ein Profi weiß bereits vor seiner Rede, wie sein Schlusssatz lauten wird. Bereiten Sie Ihre letzten Worte vor. Damit wirken Sie sehr souverän.

Punkten Sie mit Ihrem Dialekt

Eine mundartliche Färbung ist etwas Wunderbares. Sie schärft Ihr Profil, lässt Sie authentischer wirken und stärkt die Bindung zum Publikum. Sprechen Sie aber nur dann mit starkem Dialekt, wenn Sie sicher sind, dass Ihre Zuhörer Sie auch verstehen.

Danken Sie anderen für Trainingshinweise

Ärgern Sie sich nicht über Menschen, die z. B. negativ denken, aggressiv oder unverschämt sind. Lassen Sie sich von solchen Gesprächspartnern lieber daran erinnern, wie Sie nicht mehr sein werden.

Schaffen Sie Highlights

Emotionale Spitzen verstärken Ihre positive Wirkung als Redner. Zeigen Sie, dass Sie Spaß an Ihrem Vortrag haben und bauen Sie kreative Elemente ein. Mit solchen Highlights bleiben Sie in Erinnerung.

Geben Sie Schwächen und Negativem keinen Raum

Die meisten Menschen nutzen jede Gelegenheit, ausführlich über Probleme und Schwächen zu sprechen. Heben Sie sich von der Masse ab! Sprechen Sie über positive Dinge!

Planen Sie Lacher in Ihren Ausführungen

Wenn wir als Zuhörer gemeinsam mit einem Redner lachen können, fühlen wir uns der Person verbunden. Bereichern Sie Ihre Aussagen durch witzige Elemente. Das macht Sie sympathisch.

Arbeiten Sie maximal mit DIN-A5-Skripten

Verwenden Sie ein Skript, das maximal die Größe DIN A5 im Querformat hat. So haben Sie genügend Platz für Notizen. Außerdem wirken Sie damit wesentlich professioneller als mit einem ganzen Schreibblock.

Sprechen Sie laut und deutlich bis zum Schluss

Sprechen Sie stets laut und deutlich. Halten Sie ein Niveau, das es dem Zuhörer bis zum Schluss Ihrer Ausführungen leicht macht, Ihnen zu folgen. Viele Redner werden gegen Ende leiser und verlieren dadurch die Aufmerksamkeit des Publikums.

Nutzen Sie die Macht der Adjektive

Adjektive sind eine gute Möglichkeit, Ihre Sprache positiv zu gestalten. Mit Wörtern wie „hervorragend", „einzigartig" oder „wunderbar" wirken Ihre Aussagen überzeugender.

Zeigen Sie sich immer begeistert

Ein Profi zeigt, dass er voller Energie und Lebensfreude steckt, und überzeugt so sein Publikum. Nutzen auch Sie diesen Effekt. Nur wer selbst motiviert ist, kann andere begeistern.

Verzichten Sie auf Eigenlob

Geben Sie sich gern selbstbewusst und stolz, verzichten Sie aber auf jegliche Form von Eigenlob. Wer selbstverliebt auftritt, verliert den Kontakt zum Zuhörer.

Kleiden Sie sich angemessen

Ihre Kleidung sagt viel über Sie aus. Kleiden Sie sich stets angemessen. Damit sind Sie auf der sicheren Seite.

Legen Sie Ihr Skript nicht auf den Tisch

Viele Referenten legen ihr Skript vor sich auf den Tisch oder das Rednerpult. Dadurch müssen sie oft nach unten schauen und wirken defensiv. Zeigen Sie Professionalität und behalten Sie Ihre Notizen stets in der Hand.

Streben Sie nach täglicher Verbesserung

Entwickeln Sie eine Leidenschaft dafür, sich kontinuierlich zu verbessern. Wer jeden Tag einen Schritt nach vorn macht, wird beinahe unschlagbar.

Arbeiten Sie nicht an Ihrer Perfektion

Die letzten zehn Prozent Ihrer Leistung stehen meist nicht in Relation zu dem Aufwand, den Sie dafür betreiben müssen. Streben Sie nach Erfolg, versteifen Sie sich aber nicht auf winzige Details: Das blockiert, demotiviert und kostet unnötig viel Energie.

Haben Sie immer nur eine Baustelle

Um sich schnell weiterzuentwickeln, sollten Sie immer nur an einer „Baustelle" arbeiten. Es ist dennoch sinnvoll, jederzeit nach Veränderungspotenzial Ausschau zu halten. Sammeln Sie ruhig Kleinigkeiten und Bereiche, die Sie optimieren können. Arbeiten Sie Ihre gedankliche Verbesserungsliste aber immer Schritt für Schritt ab. Wenn Sie etwas geschafft haben, kommt der nächste Punkt.

Sprechen Sie nur gelegentlich von Zahlen

Immer wieder gibt es Redner, die glauben, besonders viele Zahlen würden ihren Vortrag auflockern oder verständlicher machen. Folgende Formulierung zeigt, warum das ein Irrtum ist: „2006 habe ich mit 42 Jahren und als Vater von drei Kindern zwei Jobs gehabt und damit zwei große Probleme." Vereinfachen Sie das Zuhören und nennen Sie weniger Zahlen! Beim Beispiel hier ist das definitiv zu viel.

Nutzen Sie die Trainingsmöglichkeiten im Alltag

Im Auto, unter der Dusche oder beim Spaziergang in der Mittagspause – Sie haben täglich viele Minuten Leerlaufzeit. Nutzen Sie diese für Ihr Training oder konstruktive Gedanken und Sie werden sich wesentlich schneller weiterentwickeln als die meisten anderen Menschen.

Machen Sie nichts, was nach Strategie riecht

Loben Sie andere, bevor Sie sie kritisieren? Sind Sie besonders freundlich, wenn Sie die Unterstützung eines Kollegen benötigen? Verzichten Sie in Ihrem Umgang mit anderen auf solche Verhaltensweisen, hinter denen Ihr Gegenüber eine Strategie vermuten könnte. Profis legen Ihre Kommunikation überraschend und unvorhersehbar an.

Denken Sie konstruktiver

Eignen Sie sich in jeder Situation eine Einstellung an, die Sie weiterbringt. Der Gedanke „Das werde ich nie können" ist kontraproduktiv. Die Einstellung „Ja, diese Herausforderung wird mich besser machen" hingegen ist konstruktiv. Mit einer positiven Art zu denken, werden Sie sich schnell weiterentwickeln. Versprochen!

Stoppen Sie kontraproduktive Floskeln

Floskeln wie „Störe ich Sie gerade?" haben einen negativen Beigeschmack. Allein durch eine bewusst positive Formulierung erzeugen Sie eine bessere Stimmung. Fragen Sie z. B. stattdessen: „Passt es gerade?"

16
Tipps für schnelleres Wachstum

Damit Sie die Grundlagen, Tipps und Tricks aus diesem Buch besonders gut und mit bestmöglichem Erfolgspotenzial in Ihrem Leben umsetzen können, sollen Ihnen die nachfolgenden elf Zusatzimpulse eine weitere Stütze sein.

Haben Sie Spaß beim Wachsen und Trainieren, probieren Sie sich aus und haben Sie den Mut zu Veränderungen!

Nutzen Sie jeden Tag für Ihr Training

Auch wenn es nur fünf Minuten am Tag sind – nur wer wirklich regelmäßig ein paar Schritte nach vorn macht, wird viel weiter kommen als andere Menschen. Es gibt unzählige Trainingsmöglichkeiten: eine Aufgabe, für die Sie sich freiwillig melden, ein gezieltes Gespräch mit Kollegen oder auch das Lesen eines guten Fachbuchs. Nutzen

Sie jeden Tag und Sie werden sich schneller weiterentwickeln, als Sie je vermutet haben.

Meiden Sie Negativdenker und Skeptiker

Ihr Umgang prägt Sie. Wer überwiegend mit negativ denkenden oder zögerlichen Personen zu tun hat, entwickelt sich schnell in die entsprechende Richtung. Wenn Sie besser werden wollen, umgeben Sie sich mit Menschen, die das gleiche Ziel haben. Es macht auch wesentlich mehr Spaß, mit anderen eine positive Trainingsphilosophie zu teilen, als sich stets gegenüber Skeptikern rechtfertigen zu müssen. Umgeben Sie sich mit anderen, die weiter sind als Sie. Suchen Sie sich Vorbilder!

Sehen Sie Herausforderungen, keine Probleme

Ihr gut vorbereitetes Gespräch brachte nicht den erwünschten Erfolg? Eine Präsentation hat nicht so geklappt, wie Sie es geplant hatten? Sehen Sie solche Momente nicht als Scheitern, sondern als motivierende Herausforderung. Wenn etwas nicht gut funktioniert hat, dann haben Sie eben wieder eine Erfahrung mehr gemacht. Sie wissen, was schiefgegangen ist, und können es beim nächsten Mal besser machen.

Haben Sie klare Ziele für Ihr Training

Ziele geben Orientierung, machen Ihren Trainingserfolg messbar und motivieren. Denn Sie wissen ja genau, was Sie erreichen wollen. Nutzen Sie diese Vorteile für Ihre tägliche Weiterentwicklung! Vorhaben für Ihre Zukunft könnten z. B. sein: „Ich werde jeden Tag mindestens zehn Seiten eines guten Buchs lesen" oder „Ich stelle mich einmal pro Quartal der Herausforderung und präsentiere etwas im Kollegenkreis."

Gehen Sie spielerischer an Ihren Alltag

Je spielerischer Sie an Ihren Alltag und damit auch an Ihr Training herangehen, desto mehr Freude werden Sie dabei empfinden. Wer krampfhaft an einer Sache arbeitet, verliert schnell die Lust und fühlt sich gestresst. Konsequenz ist sehr wichtig für Ihr Wachstum, Verbissenheit allerdings wird Sie lähmen. Nehmen Sie sich jede Ihrer Aufgaben mit einer bewussten Leichtigkeit vor. Haben Sie Spaß an Ihrem persönlichen Wachstum, dann werden Sie merken, wie schnell und einfach Ihre Weiterentwicklung vorangeht.

Glauben Sie an Ihre bessere Zukunft

Trauen Sie sich mehr zu. Seien Sie davon überzeugt, dass Sie in der Lage sind, Ihre Ziele zu erreichen. Wenn Sie nicht daran glauben, werden Sie es nicht schaffen. Nur mit der festen Gewissheit, dass Sie Ihre Vorhaben in die Tat umsetzen können, werden Sie sich auch in schwierigen Situationen stark genug fühlen, Ihren Weg zu gehen. Wenn Sie sicher sind, dass Sie durch die Summe der Kleinigkeiten wesentlich weiter kommen können, dann werden Sie dieses Ziel auch verwirklichen.

Lassen Sie sich von anderen inspirieren

Gehen Sie ab sofort aufmerksamer durchs Leben. Nehmen Sie andere Menschen und deren Kommunikation bewusster war: Welche wiederkehrenden Füllwörter benutzt Ihr Gegenüber? Hat ein Redner einen langweiligen Einstieg für seine Präsentation gewählt? Welche Stärken aber auch Schwächen erkennen Sie bei Ihrem Chef? Übernehmen Sie die positiven Fähigkeiten und Eigenschaften und lassen Sie sich von den Fehlern der anderen inspirieren, es selbst besser zu machen.

Setzen Sie mehr auf Weiterbildung

Einmal im Leben ein Rhetorik-Buch lesen, alle fünf Jahre ein Seminar besuchen und sich ansonsten in der Freizeit nur mit Boulevardzeitschriften und Fernsehen beschäftigen – das sind die Fehler, die zu viele Menschen machen. Lesen Sie mehrere Fachbücher pro Jahr, nehmen Sie mindestens dreimal jährlich an einem Lehrgang teil und lauschen Sie bei Leerlaufzeiten im Auto einem guten Hörbuch! Wer Fortbildung ernst nimmt und bereit ist, lebenslang zu lernen, wird garantiert Erfolg haben.

Feiern Sie Ihre ersten Teilerfolge

Sie haben durch Ihre bewusste Kommunikation einen ersten Erfolg erreicht? Sie trauen sich bereits mehr zu? Sie haben sich freiwillig für einen Vortrag gemeldet? Glückwunsch! Feiern Sie jede Etappe auf Ihrem Weg zum Erfolg, die Sie gemeistert haben. Machen Sie sich Ihre Fortschritte bewusst und genießen Sie diese auch. Viele Menschen gönnen sich diese Freude nicht. Sie versteifen sich stattdessen auf die Dinge, die sie noch nicht können. Wirkliche Kraft und Zuversicht entsteht jedoch nur, wenn Sie das bereits Erreichte in den Mittelpunkt stellen.

Belohnen Sie sich für Erreichtes

Sie werden sich noch schneller weiterentwickeln, wenn Sie Ihre Erfolge nicht nur wahrnehmen und sich darüber freuen, sondern sich auch aktiv dafür belohnen. Gönnen Sie sich abends ein leckeres Essen mit Ihrem Partner, wenn Sie eine gute Präsentation gehalten haben. Spendieren Sie sich eine Kugel Eis, wenn Sie mit einem Telefonat etwas Wichtiges erreicht haben. Jede Freude, die Sie sich selbst machen, gibt Ihnen wiederum viel Kraft für die weiteren Schritte. Dank Ihrer Belohnungen werden Sie eine Aufgabe bei der nächsten Gelegenheit mit

Begeisterung angehen. Ist das nicht ein toller Anreiz für Ihr tägliches Training?

Verzichten Sie auf das Lob von anderen

Wirkliche Motivation kommt von innen. Wenn Sie stolz auf sich sein können, ist das Ihre stärkste Energiequelle. Sie brauchen keine Kollegen und Freunde, die Ihnen Lob aussprechen. Geben Sie der Rückmeldung dieser Menschen kein zu großes Gewicht. Wenn Sie Anerkennung erhalten, freuen Sie sich. Aber erwarten Sie es nicht. Denn wenn Sie Ihre Zuversicht vom Feedback Ihres Umfelds abhängig machen, kann deren Kritik Sie auch schnell demotivieren und aus der Bahn werfen. Sie haben es in der Hand, wie stark Sie sind – und niemand sonst.

Gutscheine

Nachdem Sie nun zahlreiche Ratschläge für Ihre persönliche Weiterentwicklung erhalten haben, möchte ich Ihnen noch einige zusätzliche Vorteile ermöglichen. Denn mit kleinen Boni macht das Training doppelten Spaß! Ich habe selbst immer nach Möglichkeiten gesucht, mir mehr Wissen als andere anzueignen – und dies möglichst günstig. Das Leben kostet ja schon genug Geld.

Auf der Internetseite der Fortbildungsinsel (www.fortbildungsinsel.de) finden Sie mit dem „VIP-Check-in" einen exklusiven Bereich, der Lesern meiner Bücher und Teilnehmern meiner Kurse Vorteile bietet, die andere nicht haben. Mit dem Passwort „lebensfreude" können Sie sich dort jederzeit einloggen und gratis in den Genuss von zusätzlichen Unterlagen und Listen mit Tipps und Tricks kommen. Ihnen stehen z. B. Vorlagen für perfekte Bewerbungsanschreiben und Empfehlungen für Ihren Erfolg zur Verfügung.

Mit dem Inselshop macht meine Fortbildungsinsel® etwas Großartiges möglich: Sie können rund um die Uhr wertvolle Informationsmaterialien für Ihren Alltag bestellen. Sie erhalten Wissensimpulse via SMS, Seminare per E-Mail oder Ratgeber und weitere Bildungsmedien zu äußerst günstigen Konditionen. Damit Ihnen das doppelt Freude macht, erhalten Sie mit dem Code „DMDK99EP" ganze 7 Prozent Rabatt auf Ihre Bestellung. Davon ausgenommen sind lediglich Artikel mit Preisbindung wie z. B. Bücher oder Aktionsangebote.

Nutzen Sie Ihre Möglichkeiten! Versorgen Sie sich mit Trainingshilfen, die andere nicht kennen – und sparen Sie dabei bares Geld! Erfolg ist die Summe von Kleinigkeiten und das Ergebnis der richtigen Schritte. Seien Sie konsequent, entwickeln Sie sich täglich weiter und haben Sie Spaß an Ihren Fortschritten!

Ausblick

Nachdem Sie diesen Grundlagen-Ratgeber gelesen haben, wissen Sie alles, was für Ihren Erfolg in der Rhetorik wichtig ist. Meine Seminararbeit bestätigt mir jede Woche: Wer sich diese Kenntnisse aneignet und bereit ist, ab sofort und täglich damit zu arbeiten, wird bald zu den besten Rednerpersönlichkeiten gehören.

Den meisten Menschen sind die hier beschriebenen Zusammenhänge unbekannt. Sie sprechen, wie sie es gewohnt sind, und haben Angst, Vorträge vor anderen zu halten. Nur wenige sind bereit, ihre Kommunikationsfähigkeit zu hinterfragen.

Indem Sie dieses Buch gelesen haben, besitzen Sie bereits einen wichtigen Vorteil. Sie haben etwas getan, was die meisten Menschen nicht tun.

Ich erinnere mich an eine Situation, als ich noch beim Bayerischen Rundfunk in München beschäftigt war. Ich erzählte einer Kollegin, dass ich zum wiederholten Mal ein Rhetorik-Seminar besuchen werde. Völlig verständnislos fragte sie mich: „Du hast doch schon einen Kurs gemacht. Warum ein weiterer?"

Eine ähnliche Erfahrung machte ich vor ein paar Jahren, als ich erzählte, dass ich mir einen Ratgeber für meinen

Badeurlaub bestellt habe, der mir empfohlen worden war. Die Reaktion der Kollegen war vergleichbar: „Wieso nimmst du ein Rhetorikbuch mit an den Strand? Das ist ja furchtbar!"

Verstehen Sie, was ich meine? Wer weiterkommen möchte, erkennt erst einmal die Möglichkeiten, wie das funktionieren könnte. Persönliches Wachstum setzt neues Wissen und die Bereitschaft voraus, sich mit diesem zu beschäftigen. Dann kombiniert der Profi die Fortbildung mit etwas, das ihm Spaß macht. So entsteht ein ideales Lernumfeld, um sich motiviert mit Tipps und Tricks auseinanderzusetzen.

In nächster Instanz – und das ist das Schwierigste – sorgen erfolgreiche Menschen dafür, dass sie täglich dranbleiben: Wie kann ich das neue Wissen jeden Tag in meinem Alltag nutzen? Wie kann ich permanent etwas ausprobieren? Wie werde ich schnell besser, indem ich Erfahrungen sammle und Spaß dabei habe?

Vielleicht sehen wir uns eines Tages auch in einem Seminar oder Sie lesen meine anderen Bücher oder Coachings via eMail, um voranzukommen. Ich freue mich auf jeden Fall, wenn ich Sie auf Ihrem Weg zum kommunikativen Erfolg begleiten darf.

Ich wünsche Ihnen, dass Sie die Grundlagen und die weiterführenden Tipps und Tricks aus diesem Ratgeber

verstehen, die Macht der Kleinigkeiten im Alltag ausprobieren und jeden Tag ein wenig besser werden.

Sie schaffen das! Erfolgreiche Kommunikation ist nichts
weiter als die Summe von Kleinigkeiten.

Ihr

Thomas Schlayer

Dankeschön!

An dieser Stelle möchte ich mich besonders bei Balli und Penny für die großartige Unterstützung bedanken. Nichts ist auf dieser Welt selbstverständlich und ihr macht mein Leben sogar zu einem traumhaften Dauerurlaub!

Bereits erschienen

Besser reden zu können oder sicherer aufzutreten ist schon fast ein menschliches Grundbedürfnis. Vor allem im Beruf zahlt es sich sehr schnell aus, wenn Sie effektiver kommunizieren als andere. In diesem Buch erfahren

Sie, wie Sie mit Kleinigkeiten in Gesprächen punkten können: gegenüber Ihrem Chef oder den Kollegen, im Umgang mit Kunden oder auch beim privaten Handeln, z. B., wenn es um Rabatte geht. Kommunikationstrainer Thomas Schlayer schildert Ihnen 49 Tipps und Tricks der Rhetorik – mit kurzen Erklärungen und leicht verständlichen Beispielen.

Und das meinen die Leser:

*„Toll! Es macht Spaß zu lesen,
wie einfach es sein kann, gut rüberzukommen!"*

„Einige Tipps geben mir Sicherheit, andere haben mir bereits geholfen, große Erfolge zu feiern. Danke!"

„Kurz, motivierend und zu 100 Prozent alltagstauglich."

Bereits erschienen

Erfolgreicher bewerben durch Kleinigkeiten! Dieses Buch wird Ihre Einstellung grundlegend ändern und zeigt Ihnen in 15 kompakten Kapiteln mit vielen Vergleichen, Beispielen und Mustervorlagen, wie Sie im Bewerbungsverfahren die Masse der anderen hinter sich lassen können. Thomas Schlayer bietet  einen vollständigen Leitfaden für Ihre Bewerbungen: vom Umdenken über die eigene Person über die Gestaltung des Bewerbungsanschreibens und des Lebenslaufs bis hin zu den entscheidenden Details im Bewerbergespräch. So verbessern Sie Ihre Kommunikation mit potenziellen Arbeitgebern!

Und das meinen die Leser:

*„Das Schokoladendenken ist prima.
Wahnsinn, wie einfach es sein kann!"*

*„Ein geniales Buch. Die Tipps sind auch im normalen
Leben täglich umsetzbar!"*

*„Ein kleines Buch mit enorm großer Wirkung.
Geheimtipp!"*

Bereits erschienen

Thomas Schlayer

Täglich mehr Erfolg
durch Kleinigkeiten

Das Trainingsleerbuch:
Rhetorik . Persönlichkeit . Finanzen

Das Buch
für mehr
Lebensfreude!

Fortbildungsinsel

Sie möchten schnell besser reden können? Sie wünschen sich mehr Erfolg für Ihr Leben? Sie sollten Ihre Finanzen besser im Griff haben? Dieser Ratgeber gibt Ihnen alles an die Hand, was Sie für ein schnelles und tägliches Wachstum brauchen. Thomas Schlayer setzt mit diesem Buch seine Kleinigkeiten-Philosophie fort und zeigt Ihnen in übersichtlichen Kapiteln, wie Sie erfolgreiches Selbstcoaching betreiben. Werden Sie garantiert jeden Tag besser! Genießen Sie mehr Stärke, freuen Sie sich auf mehr Geld und eine souveränere Persönlichkeit!

Und das meinen die Leser:

*„Nie wieder ein Tag ohne Highlight!
Das Buch hat mir extrem viel gebracht!"*

*„Mehr Sicherheit? Besser reden? Täglich besser werden?
Hier stehen die Antworten!"*

*„Der Ratgeber ist zu meinem täglichen
Begleiter geworden…"*

Kleinigkeitenseminar

Mit dem neuen Kleinigkeitenseminar® XXL "Rhetorik" hat die Fortbildungsinsel® etwas Einmaliges geschaffen: Ein komplettes und sehr ausführliches Rhetorik-Training via eMail. Freuen Sie sich auf ausgewählte Kleinigkeiten, die den sicheren Rhetorik-Erfolg ausmachen.

Als Teilnehmer erhalten Sie täglich eine professionell gesetzte DIN A4-Seite als PDF mit erprobten und kurzweiligen Wissenskapiteln. Das Beste: Dieses Training läuft über insgesamt 99 Tage und begleitet Sie so langfristig im Alltag.

Das bieten so nur wir! Das ideale Fernseminar für Menschen, die ihre tägliche Kommunikation verbessern möchten. Sie haben bereits ein Rhetoriktraining besucht? Sie betreten Neuland? Dieses Training ist für wirklich jeden geeignet!

Dieses Training können Sie unter shop.fortbildungsinsel.de bestellen

Vom Fliegen, vom Glücklichsein und von kleinen Wundern

Fliegen ist mehr, als sich in der Luft fortzubewegen: Es hat mit „Loslassen" zu tun, damit, die Dinge aus einem anderen Blickwinkel zu betrachten, Ängste zu besiegen.

Wie einfach es ist, glücklich zu sein! – Es genügt oft, mit Offenheit das eigene Leben zu betrachten. 19 kleine Augenöffner zum Glücklichsein finden sich im Erfolgsbuch „Das kleine Buch vom Glücklichsein".

Wunder – gibt es so etwas überhaupt? In seinen Büchern über Weihnachtswunder erzählt Georg Lehmacher Geschichten, die jeden Tag passieren könnten und teils auf wahren Begebenheiten beruhen. Kleine Wunder, die berühren und verzaubern können.

Kleine Philosophie des Fliegens
12 x 19 cm, Paperback, 52 Seiten, € 9,80
ISBN 978-3-940186-18-8

Das kleine Buch vom Glücklichsein
17 x 16 cm, Paperback, 48 Seiten, € 8,99
ISBN 978-3629103567

Stille Weihnachtswunder
12 x 19,2 cm, Hardcover, 112 Seiten, € 9,80
ISBN 978-3629130198

Wahre Weihnachtswunder
12 x 19,2 cm, Hardcover, 96 Seiten, € 9,80
ISBN 978-3629022974

Notizen

....

....

....

....

....

....

....

....

....

....

....

....

Notizen

....

....

....

....

....

....

....

....

....

....

....

....